AF217181

REINHARDT STIEHLE

Das Rätsel der Rauhnächte

Die kosmischen Geheimnisse der
Zeit zwischen den Jahren

CHIRON VERLAG

Für Belinda und Jolanda,
durch die ich Weihnachten anders sehen lernte

5. Auflage 2012

ISBN 978-3-89997-206-1
© Chiron Verlag, Tübingen 2011

Umschlag: Walter Schneider, Stuttgart
Foto Cover: © istockphoto.com

Bildnachweis: © bigstock.com, außer S. 50 und S. 66

Druck: Finidr, Český Těšin

Zu beziehen über den Buchhandel oder direkt beim
Chiron Verlag, Postfach 1250, D-72002 Tübingen
www.chironverlag.com

Inhalt

＊ ＊ ＊ 7 ＊ ＊ ＊

Das wiedergeborene Licht

Die Sonne war und ist die Quelle allen Lebens auf der Erde, denn ohne sie kann nichts gedeihen. Schon vor der Zeitenwende waren die Menschen von einer tiefen Ehrfurcht vor der Sonne ergriffen. Ein Hymnus, der dem Philosophen Macrobius zugeschrieben wird, besingt sie mit den Worten: *«Sonne, Du Zier der Erde und des Himmels, Sonne, du gemeinsames Licht für alle, Sonne, du Glanz der Nacht und des Lichts: Sonne, du bist Anfang und Ende.»* (Hoerner 1978, S.126)

Nur durch die Sonne entwickelt sich das Leben, und durch ihren Untergang scheidet es dahin. Auf dem Sonnenlauf durch das Jahr ergeben sich unterschiedliche Tageslängen und Lichtverhältnisse. Das Jahr wird durch den Stand der Sonne an ihren beiden Wendepunkten und an den Tagundnachtgleichen in die vier Jahreszeiten gegliedert. Der für den Jahreslauf der Sonne entscheidende Punkt ist dabei die Wintersonnenwende.

Mit den kürzeren Tagen ändern sich in unseren Breiten auch die Temperaturen, es wird zusehends kühler, nachts gibt es Frost, Regen wird zu Schnee. Die Pflanzenwelt passt sich den äußeren Verhältnissen an, zieht sich im Herbst immer mehr zurück, Bäume und Sträucher werfen ihr Laub ab. Die Tiere begeben sich in Winterschlaf oder Winterstarre. Dieses Zurückziehen der Natur ist bereits ein Vorzeichen der Wende.

In den Tagen um die Wintersonnenwende am 21. Dezember scheint alles in der Natur stillzustehen, die Sonne befindet sich an ihrem absoluten Tiefpunkt. Mit der Wintersonnenwende wird die Zeit der Dunkelheit aber zugleich überwunden. Das lebensbestimmende Zentralgestirn befindet sich von nun an wieder im Aufstieg, und das neue und wieder erstarkende Licht wird geboren. Ein neuer Jahreszyklus beginnt, die Kräfte des Lebens sammeln sich erneut zu dem, was im Frühjahr durchbrechen wird. Im mythischen Denken erscheint dieser Tag als der bedeutsamste auf dem Zifferblatt der Weltuhr.

So findet dieses Naturgeschehen um den Abstieg der Sonne zum Beispiel im Mythos um Demeter und Persephone sein symbolisches Abbild. Hades, der Gott der Unterwelt, entführte Persephone in sein Reich. Ihre Mutter Demeter, die Göttin des Getreides, irrte verzweifelt von einem Ort zum anderen auf der

Suche nach ihrer Tochter. Darüber vergaß Demeter ihre Pflichten – die Bäume trugen keine Früchte mehr und die Pflanzen welkten. Eine Hungersnot kam über die Erde und die Menschen drohten auszusterben. Selbst Zeus konnte Demeter nicht umstimmen. Um größeres Unheil abzuwenden, flehten die Götter Hades schließlich an, das Mädchen wieder freizugeben. Da Persephone in der Unterwelt aufgrund einer List des Hades von den Kernen eines Granatapfels gegessen hatte, konnte sie nicht mehr für immer auf die Erde zurückkehren. Um Demeters Fluch von der Erde abzuwenden, entschied Zeus, dass Persephone ein Drittel des Jahres in der Unterwelt bleiben und die übrigen Monate mit Demeter verbringen sollte. Jedesmal, wenn Persephone im Frühjahr auf die Erde zurückkehrte, und solange sie bei ihrer Mutter Demeter war, ließ diese die Erde blühen und Früchte tragen. Die Wende der Sonne spiegelt sich in der Wandlung Persephones, die als Mädchen in die Unterwelt geht, jedoch als Frau zurückkommt und Licht und Vegetation mitbringt.

Die Gliederung der Zeit

Die Zeitrechnung des Menschen hat sich seit ihren Anfängen vornehmlich an den Phänomenen des Himmels ausgerichtet. Die Zeit wurde anhand periodischer Erscheinungen des Himmels gegliedert. Das naheliegendste und einfachste Element für die Zeitbestimmung ist zunächst die Drehung der Erde um die eigene Achse. Dies legt den täglichen Rhythmus fest. Daran orientiert sich auch die Lebensweise des Menschen und sein Rhythmus von Schlafen und Wachen. Allerdings ist der Begriff Tag etwas uneindeutig, da wir darunter nicht nur die Lichtphase, sondern auch die Dunkelheit verstehen, also die Summe aus Tag *und* Nacht. Ebenso war und ist es immer wieder umstritten, an welchem Punkt der Tag eigentlich exakt beginnen soll. Ist dies um 0:00 Uhr Mitternacht oder beim ersten aufgehenden Sonnenstrahl – oder beginnt der neue Tag schon bei der eintretenden Abenddämmerung des Vortages?

Der nächste augenfällige und an astronomischen Vorgaben ablesbare Abschnitt ist der Monat. Es ist anzunehmen, dass die Beobachtung des Mondzyklus eine der frühesten Formen menschlicher Zeitmessung darstellt und damit Pate stand bei der Unterteilung des Jahres in Monate. Der Monat bildet den Zeitraum zwischen den einzelnen Mondphasen ab, also den zeitlichen Abstand von Neumond zu Neumond. Der Mond rückt täglich am Himmel zirka 13 Grad weiter und steht daher nach

29 Tagen, 12 Stunden, 44 Minuten und 2,8 Sekunden,

einem sogenannten synodischen Monat, wieder im gleichen Winkelabstand zu Sonne und Erde. Früher hat man meist mit 29½ Tagen gerechnet und daher den Monaten im Wechsel 29 bzw. 30 Tage zugeordnet, denn im Kalender kann man nur mit ganzen Tagen rechnen. Allerdings bestand in alter Zeit darüberhinaus noch die weitere Schwierigkeit, den Neumond überhaupt exakt zu bestimmen. Die genaue Konjunktion von Sonne und Mond (also Neumond) ist ja mit bloßem Auge nicht beobachtbar. Deswegen war in Rom jeder verpflichtet, den ersten sichtbaren Strahl der Mondsichel unverzüglich dem Oberpriester zu melden. Am nächsten Morgen wurde dem Neulicht auf dem Capitol ein Opfer dargebracht. Zugleich wurde verkündet, nach wievielen Tagen das erste Mondviertel erreicht sein wird. Diesen Tag des ersten Mondlichts nannte man in Rom *Kalenden* (Ausrufetag).

Die nächstgrößere astronomisch begründete Zeiteinheit ist das Jahr. Es bestimmt die Vegetationsperioden. Anhand des ständig sich wiederholenden Kreislaufs der Jahreszeiten ließ sich am deutlichsten ein verlässlicher Zyklus wahrnehmen. Allerdings ging man nicht immer und nicht in allen Kulturen von vier Jahreszeiten aus, manchmal gab es auch nur eine Zwei- oder Dreiteilung des Jahres.

Der scheinbare Lauf der Sonne um die Erde gibt das Maß für das Sonnenjahr vor. Gemeint ist damit der Zeitraum, den die Sonne benötigt, um wieder zum gleichen Punkt auf der Ekliptik zurückzukehren. Die mittlere Dauer des tropischen Sonnenjahres beträgt

365 Tage, 5 Stunden, 48 Minuten und 46 Sekunden,

also nicht ganz 365¼ Tage. Die Tatsache, dass das Sonnenjahr keine volle Summe von Tagen enthält und dass folglich für jede Rechnung mit Tagen und Jahren immer ein Rest bleiben muss, bereitete den Kalendermachern seit eh und je Kopfzerbrechen und beherrscht die Zeitrechnung bis in die Gegenwart. Im heute gebräuchlichen Kalender wird dies alle vier Jahre durch einen eingeschobenen, zusätzlichen Schalttag, den 29. Februar, ausgeglichen.

In welchem Verhältnis steht nun aber der Monat

zum Sonnenjahr? Wenn die Beobachtung des Mondlaufes der früheste Taktgeber für die Zeitrechnung gewesen ist, dann konnte man grob von zwölf Monaten pro Jahr ausgehen. Diese Möglichkeit zur Bestimmung der Jahreslänge basiert auf dem sogenannten freien Mondjahr, welches aus zwölf synodischen Mondmonaten besteht. Ein synodischer Mondmonat (z.B. die Zeit von Vollmond zu Vollmond) hat die Länge von

29 Tagen, 12 Stunden, 44 Minuten und 2,8 Sekunden.

Zwölf dieser Mondmonate ergeben zusammen

354 Tage, 8 Stunden, 48 Minuten, 33,6 Sekunden.

Zwischen dem Mondjahr und dem Sonnenjahr ergibt sich demnach eine Differenz von

10 Tagen, 21 Stunden, 0 Minuten, 12,4 Sekunden.

Schnell erkannte man diese Verschiebung, in der ein Kernproblem der Kalenderberechnungen aller Zeiten begründet liegt. Denn weder das Mondjahr noch das solare Jahr lassen sich ganzzahlig in Tage aufteilen. Vor allem aber ist es nicht ohne weiteres möglich, die Länge des Mondjahres mit den Anzahl der Tage eines Sonnenjahres in Einklang oder gar in Übereinstimmung zu bringen.

Aus diesem Grund entschieden sich viele Kulturen

für das sogenannte *lunisolare Jahr,* indem ein sogenanntes gebundenes Mondjahr durch die Einfügung von Schalttagen oder Schaltmonaten verlängert und damit in Harmonie mit dem Sonnenjahr gebracht werden sollte. Der Kalender in Ägypten hatte zwölf Monate zu je 30 Tagen und am Jahresende folgten fünf Tage zu Ehren der wichtigsten Götter, die sogenannten Epagomenen, als Jahresverlängerung. Eine andere häufige Schaltungsmethode war die Einfügung ganzer Monate, aber diese erbrachte wegen weiterhin bestehenden Abweichungen keine auf Dauer zufriedenstellenden Ergebnisse. Die Einschaltung zusätzlicher Tage war schwierig, denn der Jahresanfang des Mondjahres war mit dem Neulicht des ersten Mondmonates identisch. Hätte man nun einfach Schalttage eingefügt, so wäre der Beginn des Mondmonats nicht mehr mit dem Neumond identisch gewesen. Der griechische Astronom Meton (ca. 430 v. Chr.) versuchte dem dadurch gerecht zu werden, indem er Sonnen- und Mondjahre über einen größeren Zeitraum beobachtete. Der nach ihm benannte Metonische Zyklus umfasst 19 Sonnenjahre, die aus 235 Mondmonaten bestehen. Die rechnerische Abweichung zwischen Sonne- und Mondzyklus konnte dadurch auf nur einen ganzen Tag in 76 Jahren reduziert werden – aber eine völlige Deckungsgleichheit war auch damit nicht zu erreichen.

Um dieses Durcheinander zu beheben und um derartige Abweichungen des Kalenders vom Sonnenjahr künftig zu meiden, setzte Julius Cäsar im Jahr 46. v. Chr. eine Kalenderreform durch. Seine wichtigste Neuerung war die Einführung eines festen Sonnenjahres mit einem zusätzlichen Schalttag in jedem vierten Jahr. Durch diesen Schaltzyklus konnte er zukünftige Abweichungen des Kalenders vom tatsächlichen Stand der Sonne vermeiden. Den Jahresbeginn, der offiziell immer noch im März war, legte Cäsar endgültig auf den 1. Januar fest. Er trennte sich von dem lunisolaren Jahr und koppelte die Monate ganz von den natürlichen Mondphasen ab. Die natürlichen 29½ Tage pro Monat verlängerte er auf 30 bzw. 31 Tage (mit Ausnahme des 28-tägigen Februars), so dass unser heute üblicher Monat lediglich noch symbolisch zu verstehen ist, da kein Bezug mehr zum tatsächlichen Mondumlauf vorliegt. Cäsar fixierte auch die Jahreszeiten und setzte sie in Beziehung zu den markanten Punkten des Sonnengangs, also den Tagundnachtgleichen und den Sonnwendtagen.

In ältester Zeit wurde nur zwischen Sommer und Winter unterschieden, was man am Auf- oder Untergang bestimmter Sternbilder festmachte. Nach Plinius hat Cäsar die vier Jahrpunkte der Sonne auf den achten Grad von Widder (24. März), Krebs (26. Juni), Waage (26. September) und Steinbock (24. Dezember) gelegt. Diese Daten stimmten schon damals astronomisch nicht ganz, zumal das Jahr um elf Minuten kürzer war.

Interessant ist in diesem Zusammenhang eine Inschrift auf dem Steinkalender von Praeneste, der bruchstückhaft erhalten geblieben ist und ungefähr aus dem Jahre 20 v. Chr. stammt. Der Urheber Marcus Verrius Flaccus bezieht sich dabei auf die Wintersonnenwende zu Zeiten vor der Kalenderreform: *«Es gibt gleichwohl welche, die sagen, dieser Tag sei heilig wegen des Jahresbeginns; es steht nämlich fest, dass dies anfänglich der Jahresanfang gewesen sei.»*

Erst die Neudefinition des Ostertermins im Jahr 325 n. Chr. durch das Konzil von Nicäa legte eine Korrektur fest. Obwohl die Wintersonnenwende dabei auf den 21. Dezember vorverlegt wurde, behielten die Kirchenväter später den 25. Dezember weiterhin als Termin für das christliche Weihnachtsfest bei.

Die Anfänge von Weihnachten

Die Frage nach der Entstehung des wohl beliebtesten christlichen Festes ist nicht einfach zu beantworten. Über 300 Jahre kam die Christenheit ganz ohne ein Geburtsfest Jesu aus, und verlässliche historische Angaben über die Geburt Christi gibt es sowieso nicht. Erste Spuren für eine Feier der Geburt des Herrn finden sich im zweiten Jahrhundert nach Christus in Ägypten. Allerdings feierte man dort Taufe und Geburt Jesu ursprünglich am 6. Januar – eine Tradition, die heute noch in der orthodoxen Kirche fortbesteht. Den frühesten Nachweis einer christlichen Weihnachtsfeier am 25. Dezember finden wir im Jahr 354 n. Chr. in Rom, es scheint aber unter kirchlichen Autoritäten schon zuvor ein verbreiteter Brauch gewesen zu sein.

Weihnachten – ein nordisches Fest?

Die Annahme, dass Weihnachten die Fortführung eines alten germanisch-keltischen Festes sei, kann nach heutiger Erkenntnis als ein Forschungsmythos eingestuft werden. Man geht inzwischen davon aus, dass den Germanen die vier astronomischen Jahrpunkte des Sonnenjahres unbekannt waren. Die germanischen Stämme kannten vor der Christianisierung nur ein Witterungsjahr, das sie in zwei Hälften teilten, nämlich Sommer und Winter. Das Jahr begann am 1. Oktober mit dem Winter und man zählte auch nach Wintern, ein Kind war also z.B. «fünf Winter alt». Ferner wurden die Jahreshälften nochmals zweigeteilt von Winteranfang bis Mittwinter sowie von Mittwinter bis Winterende (und entsprechend Sommeranfang – Mittsommer – Sommerende). Tatsächlich wurde in diesem Kulturkreis zu Mittwinter ein Fest gefeiert, aber dies geschah jeweils am 13. Januar. Der isländische Historiker und Politiker Snorri Sturluson (1178 – 1241) berichtet vom «Jultrinken», das auf Odin zurückgehen soll, er sagt aber auch, dass das Julfest erst von König Hakon dem Guten (ca. 920 – 961 n. Chr.) auf den 25. Dezember vorverlegt worden sei. In diesem Zuge wurden vorchristliche Bräuche übernommen oder umgedeutet. Wir können also mit Hanns Bächtold-Stäubli zusammenfassen: «*Das kirchliche Fest der Geburt Christi ist wesentlich als fertiges Fest zu den Germanen gebracht worden … das damit verbundene Brauchtum gehört aber mehr oder minder deutlich zum großen Teil nicht zum christlichen Fest*» (Handwörterbuch des Deutsche Aberglaubens, S. 866).

Die nie besiegbare Sonne

Ein namentlich nicht bekannter syrischer Gelehrter beschreibt im 12. Jahrhundert die Anfänge des Weihnachtsfestes am 25. Dezember folgendermaßen:

Die Ursache, weshalb die Väter das Fest des 6. Januar abänderten und auf den 25. Dezember verlegten, war folgende: Die Heiden pflegten nämlich am 25. Dezember das Fest des Geburtstages der Sonne zu feiern und zu Ehren des Festes Feuer anzuzünden. An dieser Lustbarkeit und an diesem Schauspiel ließen sie auch das Christenvolk teilnehmen. Da nun die Kirchenlehrer die Wahrnehmung machten, dass die Christen durch dieses heidnische Fest angezogen wurden, trafen sie Vorsorge und begingen an diesem Tage fortan das Fest der wahren Geburt. (zitiert nach Wallraff 1995, S. 174)

Auf welches heidnische Fest bezieht sich der Autor und was ist unter dem «Geburtstag der Sonne» zu verstehen? Der Glaube an die Göttlichkeit der Sonne war im Altertum weit verbreitet, und es bildeten sich verschiedene Sonnenkulte heraus. Am deutlichsten und am stärksten ausgeprägt war dies im Mithraskult. Diese Mysterienreligion zeigte einen starken orientalischen Einfluss und verbreitete sich ab 100 nach Christus immer mehr im Römischen Reich. Dieser Astralkult galt dem persischen Gott Mithras, dessen Gegenspieler Saturn als die Sonne der Nacht galt. Der Geburtstag der unbesiegbaren Sonne wurde am Tag der Wintersonnenwende gefeiert. Die Sonnensymbolik fand auch Eingang in die politische Ideologie, da man den Herrscher mit der Sonne gleichsetzte. Nicht zuletzt durch diesen imperialen Kaiserkult wurde die kometenhafte Verbreitung der Sonnenverehrung stark begünstigt. Kaiser Aurelian gewann 272 n. Chr. in Emesa eine Schlacht und begab sich danach in den dortigen Sonnentempel, um sich bei dem Gott für die Unterstützung zu bedanken. Fortan betrachtete er den Sonnengott als seinen persönlichen Schutzherrn. Er reformierte den Sonnenkult und erhob diesen zur Staatsreligion und nannte seinen Gott *Sol Invictus* (unbesiegter Sonnengott): Diesem erbaute er einen Tempel, den er am 25. Dezember einweihen ließ, dem Tag der Wintersonnenwende im julianischen Kalender, und erklärte diesen zum Staatsfeiertag.

In seiner Schrift «Rede an den König Helios» schreibt Julian (332 – 363): «*Vor Beginn des neunten Monats, direkt nach Abschluss des nach Kronos benannten Monats, veranstalten wir die berühmten Kampfspiele für Helios, und wir weihen das Fest dem unbesiegten Helios (sol invictus).*» Die Saturnalien wurden vom 17. Dezember bis zum 23. Dezember zu Ehren Saturns ausgetragen. Während der Saturnalien waren die Standesunterschiede aufgehoben, es gab öffentliche Speisungen, der Weinkonsum steigerte sich während der Festtage enorm, und es war üblich, sich zu beschenken. Die Teilnahme an den Saturnalien und das damit verbundene frivole Treiben wurde von den Kirchenvätern als Götzendienst verteufelt. Aus den Weihnachtspredigten jener Zeit geht hervor, dass man vermutlich bewusst den 25. Dezember als Geburtstag Jesu wählte, um sich damit von den Heiden abzugrenzen.

Aber zunächst einmal galt es als unstrittig, dass dieser Termin eine solare Bedeutung hat. Man kann auch davon ausgehen, dass sich das Weihnachtsfest ein Stück weit parallel zum Sonnenkult entwickelte. Bei der Gleichsetzung von Christus mit dem Sol Invictus spielte eine Stelle über den zu erwartenden Erlöser beim Propheten Malachias im Alten Testament eine ausschlaggebende Rolle: *Für Euch aber, die ihr meinen Namen fürchtet, wird die Sonne der*

Gerechtigkeit aufgehen. (3,20). Das Johannesevangelium nennt Jesus das «wahre Licht, das jeden Menschen erleuchtet» (1,9), und Jesus spricht an anderer Stelle von sich als dem «Licht der Welt» (8,2).

Fortan sahen kirchliche Autoritäten in Christus eine Sonne der Erleuchtung, nannten ihn «die wahre Sonne» oder sprachen von der Geburt der «neuen Sonne». Man ging immer mehr dazu über, Christus mit Sol zu identifizieren – oder anders gesagt, den Sonnengott für die eigenen Zwecke umzuinterpretieren. Somit nahmen die Christen keinen Anstoß daran, am Tag des Sol invictus zu feiern, da auch ihnen dieser Tag als ein Gedächtnistag der wiederaufgehenden Sonne nahegebracht wurde.

Doch die Münze hatte auch eine andere Seite. Die Betonung der Wintersonnenwende stand mit der astralen und astrologischen Bedeutung dieses Tages in Beziehung. Deswegen barg die Wahl dieses Tages als Datum für die Geburt Jesu heidnisches Potenzial und damit eine Angriffsfläche in sich. So schrieb zum Beispiel der Theologe Ephraem der Syrer (306 – 373 n. Chr.) im «Ersten Hymnus auf Epiphanias» noch: *«Es siegte die Sonne und zeichnete ein Symbol – in den Graden, die sie emporstieg * Zwölf Tage sind es, seit sie zu steigen begann. * und der heutige Tag ist der dreizehnte.»* (Förster 2007, S. 153). Die gedankliche Nähe zum astralen Mithraskult, der durchaus eine ernsthafte Bedrohung für das Christentum darstellte, ist deutlich.

Gegen die Vorwürfe des Manichäers Faustus, die Christen würden nach wie vor die Wintersonnenwende verehren, verteidigte sich Augustinus (354 – 430 n. Chr.) mit den Worten: «*Die Christen feiern nicht die Wintersonnwende, sie feiern vielmehr den, der größer ist als die Sonne*» (Förster 2007, S. 274).

Noch deutlicher wurde Leo der Große (400 – 461 n. Chr.), der in seinen Weihnachtspredigten immer die heidnische Gesinnung anprangert: «*Zu ihnen gesellen sich noch jene, die davon fabeln, der ganze Lebenslauf des Menschen hinge von den Einwirkungen der Gestirne ab. (...) Auf derartige Bräuche geht auch jene gottlose Gewohnheit gewisser nur allzu alberner Leute zurück, von Anhöhen aus bei Anbruch des Tages die emporsteigende Sonne anzubeten. Ja sogar manche Christen sehen darin eine solch gottgefällige Handlungsweise, dass sie sich vor dem Eintritt in die Basilika (...). nachdem sie die Stufen hinter sich haben, (...) nach der aufgehenden Sonne umwenden und sich zu Ehren des strahlenden Gestirns verneigen*» (Leo der Große 1927, S. 118f.). Die Sonnenverehrung war offensichtlich noch sehr tief in der Bevölkerung verwurzelt.

✳ ✳ ✳ *27* ✳ ✳ ✳

Die Festlegung von
Jahresbeginn und Weihnachten

Das Sonnenjahr kann prinzipiell zu ganz unterschiedlichen Zeitpunkten eröffnet werden. Dane Rudhyar bemerkt dazu: *«Für den, der einen zyklischen Verlauf studieren will, besteht die erste Schwierigkeit darin, den Anfangspunkt des Zyklus festzulegen. Die philosophische Analyse kennt letztendlich keinen Anfangspunkt, doch muss aus praktischen Gründen ein solcher angenommen werden, damit der Verlauf eines Zyklus in aller Deutlichkeit mit Begriffen aus der menschlichen Erlebniswelt interpretiert werden kann»* (Rudhyar 1983, S. 27). Er hält es folgerichtig für angebracht, dass einer der kritischen Hauptmomente, also die Sonnenwenden bzw. die Tagundnachtgleichen als Zyklusbeginn anzusehen sind. Es bildeten sich aber dennoch ganz unterschiedliche Jahresanfangstermine heraus. Wir wollen einen Blick auf die für unser Thema bedeutsamen Jahresstile werfen.

Im vorjulianischen Kalender begann das Jahr mit

dem 1. März. Dies kann man noch heute an einigen Namen für die durchgezählten Monate erkennen, denn September («der siebte Monat»), Oktober («der achte Monat»), November («der neunte Monat») und Dezember («der zehnte Monat») sind Zahlennamen. Im März wurde in Italien z.B. die Landbewirtschaftung eröffnet und das Feuer der Vesta erneuert. Dieser Jahresanfang wurde von König Numa verschoben, wie Plutarch berichtet: «*Den März, der sonst der erste war, macht Numa zum dritten, den Ianuarius hingegen, der unter Romulus der elfte war, zum ersten ...*». Vermutlich weil Numa das Jahr nicht mit einem dem kriegerischen Mars geweihten Monat beginnen wollte, zog er den Monat des Janus vor, einem Gott der Ruhe und Ordnung liebte. Spätestens ab dem 2. Jahrhundert v. Chr. pflegten Konsuln ihr Amt am 1. Januar anzutreten. Der 1. Januar als Tag des Jahreswechsels wurde von der Kirche so wenig geschätzt, dass sie im Jahre 567 n. Chr. diesen Tag als Kalenderanfang sogar verboten hat. Nach altem Brauch wurden die Kalenden des Januar nämlich mit viel Lärm und «mit Ausschreitungen aller Art» gefeiert: Eine alte Gewohnheit, die sich nicht auf andere Weise unterbinden ließ und die bis heute im Silvesterschießen fortbesteht. Der 1. Januar blieb aber dennoch als Anfang des Verwaltungsjahres erhalten.

Aus diesem Grund vertrat man auf kirchlicher

Seite den sogenannten *Weihnachtsstil*, auch Nativitätsstil genannt, der den 25. Dezember zum Beginn des Kirchenjahres erklärte. Diese Variante setzte sich ab dem 5. Jahrhundert mehr und mehr durch – wohlgemerkt zu einer Zeit, als das Datum der Wintersonnenwende bereits auf den 21. Dezember korrigiert worden war. Das Weihnachtsfest wurde 381 n. Chr. beim Konzil in Konstantinopel zum Dogma erklärt. Während des Konzils in Tours im Jahre 567 n. Chr. wurden die zwölf heiligen Nächte von Seiten der Kirche offiziell in den liturgischen Festkalender aufgenommen. Auf der Kölner Synode im Jahre 1310 wurde der Jahresanfang in aller Form auf den 25. Dezember gelegt. Die Gründe für die Festlegung des Jahresanfangs auf den 25. Dezember waren in erster Linie politischer Natur. Denn es gab lediglich eine theologische Begründung, ein kosmischer Bezug war diesem Jahresanfangstermin gänzlich abhanden gekommen. Dasselbe galt auch für den unter Karl dem Großen eingeführten Jahresbeginn am 25. März. Auch hier war nicht etwa der Eintritt der Sonne in den Widder der Vater des Gedankens, sondern man wählte das Kirchenfest Maria Verkündigung, welches exakt neun Monate vor der Geburt des Herrn am 25. Dezember lag.

Zwischen den Jahren

Eine geläufige Redensart spricht von der Zeit «zwischen den Jahren», was sehr bildhaft die oben beschriebene Differenz zwischen Sonnen- und Mondkalender widerspiegelt. Unmittelbar in Zusammenhang damit sind auch die sogenannten Rauhnächte zu verstehen, denn diese stellen die Zuschlagtage dar, die den Unterschied zwischen dem alten Mondjahr und dem Sonnenjahr ausgleichen. Doch was ist genau unter den Rauhnächten zu verstehen? Ein Blick in die gängige Literatur zeigt, dass überwiegend der Abschnitt zwischen Weihnachten und Dreikönig als die Zeit der Rauhnächte beschrieben wird. Im Hinblick auf die Erläuterungen im vorangegangenen Kapitel stellen sich jedoch gewisse Fragen. Eine Festlegung der Zwischennächte auf den Zeitraum vom 25. Dezember bis zum 6. Januar macht eigentlich nur dann Sinn, wenn man das christliche Kirchenjahr als Ausgangspunkt annimmt. Ursprünglich wurden Geburt bzw. Taufe Jesu am 6. Januar gefeiert. Im Anklang an die Feier zu Ehren des Sol Invictus wurden beide Anlässe getrennt. Die Geburt Jesu wurde auf den 25. Dezember datiert. Seitens der Kirchenväter wurden die zwölf heiligen Nächte in den Zeitraum zwischen dem «neuen» Weihnachtsfest am 25. Dezember und dem «alten» Weihnachtsfest am 6. Januar gelegt. Aus der bisherigen Darstellung wird jedoch deutlich, dass diese Datierung von jedem kosmischen Bezug abgekoppelt worden ist, da die Wintersonnenwende nach heutigem Kalender (wie schon damals) am 21. Dezember eintritt. Die kirchliche Interpretation bildet demnach nur mehr einen symbolischen Prozess ab.

Wir rechnen heutzutage überwiegend mit einem Jahresbeginn ab dem 1. Januar. Konsequent weitergedacht, müssten die Zuschlagstage am Ende oder am Anfang des Jahres liegen und können nicht sowohl auf das ausgehende als auch auf das beginnende neue Jahr verteilt werden. Seit der Einführung des julianischen Kalenders haben wir zudem keine natürlichen Monate von 29 ½ Tagen mehr, und das tatsächliche Mondjahr von 354 ⅓ Tagen findet nicht mehr unmittelbar Eingang in unsere Kalenderrechnung.

Wenn aber am 1. Januar Neumond wäre, dann wäre am 20. Dezember ein Mondjahr mit zwölf Lunationen beendet. Es ist bemerkenswert, dass der

354. Tag eines Jahres auf den 20. Dezember fällt, von dem aus zwölf Tage bis zum nächsten Jahresbeginn fehlen. In der Alpenregion ist es tatsächlich heute noch vielerorts Brauch, die Rauhnächte ab dem 21. Dezember, der sogenannten Thomasnacht, zu begehen. Eine besondere Variante, welche die kosmologische mit der kirchlichen Vorgehensweise aussöhnen möchte, lässt die Rauhnächte schon am 21. Dezember beginnen und rechnet mit den Tagen bis zum 6. Januar, nimmt dabei aber die vier Sonn- und Festtage von der Zählung aus.

Sprachliche Besonderheiten

Es gibt verschiedene Namen für diese Zwischenzeit. Im süddeutschen Sprachraum sind vor allem die Begriffe *Zwölfnächte, Rauhnächte, Raunächte* oder *Rauchnächte* verbreitet. Das Wort Rauhnacht geht wohl auf das Wort «ruch» (haarig) zurück, was auf die Tierfelle hindeuten könnte, die man bei Umzügen trug. Es kann auch von «raunen» abgeleitet sein, was darauf hinweist, dass in dieser Zeit das Flüstern der Ahnen und Geister besonders gut vernehmbar ist. Der Begriff Rauchnacht könnte darauf zurückzuführen sein, dass in dieser Zeit die Räume des Hauses und die Ställe mit geweihten Kräutern geräuchert wurden, um böse Geister oder Hexen fernzuhalten.

In Südwestdeutschland spricht man eher von den *Lostagen*, was auf die volkstümliche Orakelpraxis zurückgeht, während der zwölf Tage eine Wetterprognose für die kommenden zwölf Monate zu erstellen. Der Gelehrte und Publizist Joseph Görres vermerkte 1807 dazu: «*Man kennt das alte astrologisch meteorologische Dogma, daß die Natur der zwölf Monathe des Jahrs vorgebildet werde durch die zwölf Nächte, die der Christnacht oder eigentlich dem Wintersolstitium folgen. Dies Dogma gründete sich auf die alte mythologische Ansicht, daß das Jahr gleichsam mit dem Wintersolstitium gebohren werde, und daher in der zarten Jugend schon, wie am Menschen, die spätere Entwickelung sich spiegeln müsse.*» (Die Teutschen Volksbücher, S. 178519). Mehr zu den Lostagen folgt im Kapitel «*Die Zeit zwischen der Zeit*».

In weiten Teilen Deutschlands spricht man lediglich von den *Zwölften*. Gerade letztere Bezeichnung birgt vielleicht einen wichtigen Hinweis in sich. Der führende Kalenderforscher Karl Friedrich Ginzel schreibt: «*Mit dem Gebrauche des Lunisolarjahres stimmt überein die Gepflogenheiten der Germanen, die Tage nach Nächten zu zählen; dieser Usus hat sich trotz des Überganges zu dem julianischen Sonnenjahr sehr lange im deutschen Mittelalter erhalten*» (Ginzel 1914, S. 57). Es wäre demnach zu hinterfragen, ob wir die «Nächte» ganz wörtlich verstehen können oder ob es sich dabei einfach nur um einen alten Ausdruck zur Zählung der Tage handelt. Es spricht einiges für diese Annahme, so auch die Tatsache, dass im angelsächsischen Sprachraum überwiegend von den «zwölf heiligen Tagen» die Rede ist.

Das im angelsächsischen Sprachraum populärste Weihnachtslied trägt den Titel *Twelve Days of Christmas,* dessen Herkunft bis ins 13. Jahrhundert zurückreicht. Das Lied listet in der Form der Kettenmärchen auf, welche Geschenke der Sänger an den zwölf Weihnachtstagen erhält und mit jedem Tag kommt ein weiteres Geschenk dazu.

Zählen wir ab dem 21. Dezember, dem Tag der Wintersonnenwende zwölf Tage weiter, dann endet die Zeit der Zwölfnächte genau mit dem 1. Januar, dem Beginn des Folgejahres. Es macht also einen Unterschied, ob wir von Tagen oder Nächten ausgehen.

Stichtag 21. Dezember?

Wie lässt sich das bisher Gesagte zu einem Gesamtbild zusammenfügen? Wir haben gesehen, dass die sogenannten Rauhnächte das Ergebnis des Versuchs sind, das Sonnenjahr mit dem Mondumlauf in Übereinstimmung zu bringen. Das Sonnenjahr lässt sich jedoch nicht ohne weiteres mit dem Mondjahr verrechnen, denn es bleibt immer ein Zeitintervall übrig. Zu Zeiten Cäsars wurden die astronomischen Jahrpunkte neu festgelegt, wobei die Wintersonnenwende damals auf den 25. Dezember fiel, dem Tag der Saturnalien. An diesem Tag wurde später der mit dem Mithraskult verbundene Gott *Sol Invictus* gefeiert. Etwa ab dem 3. Jahrhundert setzte die Verbreitung des christlichen Weihnachtsfestes ein. Die ersten Nachweise finden wir in Ägypten, wo Geburt und Taufe Jesu am 6. Januar gefeiert wurden – was zuvor der Geburtstag des ägyptischen Gottes Osiris war. Mit der Zeit setzte sich aufgrund des von Rom ausgehenden Drucks mehr und mehr der 25. Dezember als Festtermin durch. Dies nicht ausschließlich als christliches Gegenfest zur Verehrung des *Sol Invictus*, sondern durchaus als Parallelerscheinung, da die solare Metaphorik in jener Zeit sehr populär war. Dies war durchaus auch der Versuch, astronomische Daten in ein christliches Weltbild zu integrieren, indem ein heidnischer Festtag uminterpretiert wurde, um ihn für die christliche Theologie in Beschlag zu nehmen. Schließlich wurde der 25. Dezember sogar zum Beginn des Kirchenjahres bestimmt. Allerdings war zu jenem Zeitpunkt der Tag für die Wintersonnenwende bereits auf den 21. Dezember vorverlegt worden, um bisherige Ungenauigkeiten bei der Kalenderberechnung auszugleichen.

Die heute überwiegend übliche Festsetzung der Rauhnächte auf die Tage zwischen Weihnachten und Dreikönigstag ist demnach christlichen Ursprungs. Aufgrund der Verlegung des Tages der Wintersonnenwende fehlt den Rauhnächten, so man sie in der Zeit zwischen 24. Dezember und 6. Januar ansetzt, ein wichtiger kosmologischer Bezug. Wird dagegen der Beginn des Sonnenjahres am 21. Dezember als Ausgangspunkt angenommen, sind die Rauhnächte durch das sich ewig wiederholende Naturereignis der Wintersonnenwende erneut in die kosmischen Zusammenhänge eingebettet. Der 1. Januar als

Beginn unseres heute gebräuchlichen Kalenders spricht rein rechnerisch ebenso dafür, die ausgesparte Zeit der zwölf Rauhnächte mit der Wintersonnenwende am 21. Dezember zu beginnen. Die überzeugendsten Argumente liefern die mit der Wintersonnenwende in Zusammenhang stehenden kosmischen Phänomene, die wir im Folgenden eingehender betrachten werden.

Wohlgemerkt: Dies ist ein Vorschlag! Selbstverständlich steht es Ihnen frei, diese besondere Zeit des Innehaltens zu begehen, wann Sie es für angebracht halten. Sie werden vielleicht gute Gründe dafür haben, den 25. Dezember weiterhin als Ausgangspunkt für die Rauhnächte anzunehmen. Wollen Sie das wiederkehrende Licht aber im Einklang mit dem Sonnenrhythmus erleben, so konnten Ihnen die bisherigen Betrachtungen hoffentlich genügend Anregungen und Argumente für einen Beginn am 21. Dezember liefern.

Der Atem der Sonne

Die Aufgangs- und Untergangszeiten der Sonne verändern sich von Tag zu Tag im Laufe eines Jahres. Der wahre Sonnentag weicht geringfügig von dem gemessenen mittleren Sonnentag ab. Dahinter verbirgt sich ein bemerkenswertes Phänomen, die sogenannte Zeitgleichung. Denn obwohl die Wintersonnenwende der kürzeste Tag des Jahres ist, tritt der früheste Sonnenuntergang bereits etwa zwölf Tage früher und der späteste Sonnenaufgang erst etwa zwölf Tage später ein. Schauen wir uns das Steigen und Sinken der Tageskreise am Beispiel des Jahres 2009 im Übergang zum Jahr 2010 etwas genauer an:

Der Sonnenaufgang verzögert sich nach der Wintersonnenwende täglich weiter und tritt erst nach der Zeit der *Zwölften* wieder zu einem früheren Zeitpunkt ein. Beim Sonnenuntergang lässt sich ein gegenläufiger Prozess ausmachen. Schon zwölf Tage vor der Wintersonnenwende drängt die Sonne die Nacht langsam zurück. Es ist also durchaus keine

Tag	Sonnen-aufgang	Sonnen-untergang	Tageslänge Std:Min
4. 12.	8:20	16:22	8:01
5. 12.	8:21	16:21	8:00
6. 12.	8:22	16:21	7:58
7. 12.	8:24	16:21	7:57
8. 12	8:25	**16:20**	7:55
9. 12.	8:26	16:20	7:54
10. 12.	8:27	16:20	7:53
11. 12	8:28	16:20	7:51
12. 12.	8:29	16:20	7:50
13. 12	8:30	16:20	7:50
14. 12.	8:31	16:20	7:49
15. 12.	8:32	16:20	7:48
16. 12.	8:32	16:20	7:47
17. 12.	8:33	16:21	7:47
18. 12.	8:34	16:21	7:47
19. 12.	8:34	16:21	7:46
20. 12.	8:35	16:22	7:46
21. 12.	**8:35**	**16:22**	**7:46**
22. 12.	8:36	16:23	7:46
23. 12.	8:36	16:23	7:46
24. 12.	8:37	16:24	7:47

Tag	Sonnen-aufgang	Sonnen-untergang	Tageslänge Std:Min
25. 12.	8:37	16:25	7:47
26. 12.	8:37	16:25	7:48
27. 12.	8:37	16:26	7:48
28. 12.	8:37	16:27	7:49
29. 12.	8:38	16:28	7:50
30. 12.	8:38	16:29	7:51
31. 12.	8:37	16:30	7:52
1. 1.	8:37	16:31	7:53
2. 1.	8:37	16:32	7:54
3. 1.	**8:37**	16:33	7:56
4. 1.	8:37	16:34	7:57
5. 1	8:36	16:36	7:59
6. 1.	8:37	16:37	8:00

Quelle: www.sonnenaufgang-sonnenuntergang.de

Einbildung, wenn wir Ende Dezember am Abend und Anfang Januar am Morgen den Eindruck haben, es sei besonders dunkel.

Dieser rhythmische Wechsel polarer Kräfte umrahmt die Wintersonnenwende und ist für unser Bewusstsein ansonsten kaum wahrnehmbar, denn wir sind viel zu sehr mit der sich verändernden

Lichtdauer der Tage beschäftigt. Es ist so, als ob die wiederkehrenden Kräfte des Lichts sich schon zwölf Tage vor der Sonnenwende ankündigen wollten, sich aber noch nicht gegen die Kräfte des Dunkel durchzusetzen vermögen. Erst nach weiteren zwölf Tagen nimmt dieser Prozess der sich widerstrebenden Kräfte eine Wende. Die Lichtkräfte setzen sich durch und verhelfen der Sonnenkraft zur Metamorphose. Darin spiegelt sich einmal mehr, dass es keinen scharfkantigen Schnitt zwischen den Jahren gibt. Zwar streben wir im Außen nach Ruhe und Rückzug und möchten möglichst vieles abschließen. Aber zugleich zeigt sich schon die wachsende neue Aktivität und das Streben nach dem Neuen. Achten Sie auf den Stimmungswechsel nach dem 6. Januar. Es liegt etwas in der Luft und nicht selten meint man den Frühling bereits «zu riechen.»

Die Schritte der Sonne

Eine eingehende Betrachtung der Deklinationen ist im Zusammenhang mit den Rauhnächten und der Wintersonnenwende sehr aufschlussreich. Deklinationen sind eine Messgröße, mit deren Hilfe man den Abstand der Sonne und der Planeten über oder unter dem Himmelsäquator misst. Der Winkel zwischen dem Himmelsäquator – der eine Ausdehnung des Erdäquators in die Himmelskugel darstellt – und der Ekliptik – geozentrisch gesehen die Bahn der Sonne um die Erde – beträgt 23° 27'. Aufgrund dieser sogenannten ekliptischen Schiefe ergeben sich die unterschiedlichen Jahreszeiten. In ihrem Jahreslauf steht die Sonne am 21. Dezember auf 0° Steinbock im Tierkreis und zugleich in der südlichen Deklination mit 23°27' an ihrem tiefsten Punkt unter dem Himmelsäquator. Man spricht deswegen auch vom Wendekreis des Steinbocks. Von nun an bewegt sich die Sonne wieder aufwärts in Richtung Norden, und auf der nördlichen Halbkugel werden die Tage

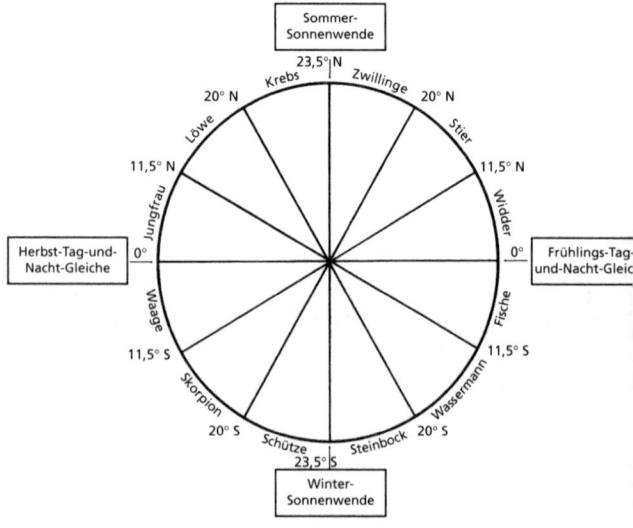

Entnommen aus Powell, Hermetische Astrologie,
Stuttgart 2001, S. 33.

wieder länger. Am 21. März erreicht die Sonne im
Tierkreis 0° Widder, zugleich misst die Deklination
0°. Das heißt, die Sonne befindet sich auf dem
Schnittpunkt von Himmelsäquator und Ekliptik und
tritt nun endgültig in die nördliche Hemisphäre ein.
Tag und Nacht sind exakt gleich lang, und die Sonne
geht genau im Westen unter. Die nächsten drei

Monate steigt sie immer höher und erreicht am 21. Juni bei 0° Krebs im Tierkreis zugleich mit 23° 27' ihre nördlichste Deklination. Dies ist der längste Tag des Jahres – die Sommersonnenwende. Die Sonne befindet sich an diesem Tag direkt senkrecht über dem Wendekreis des Krebses (23,5° nördlich des Äquators) und wirft keinen Schatten. Damit hat die Sonne den Wendepunkt erreicht und bewegt sich nun wieder Schritt für Schritt hinab in Richtung Süden. Am 23. September bei 0° Waage, der Herbst-Tagundnachtgleichen, kreuzt sie erneut die Ekliptik, geht exakt im Westen unter und hat eine Deklination von 0°. Jetzt sinkt sie in die südliche Hemisphäre und erreicht am 21. Dezember wieder ihren tiefsten Punkt.

Vielleicht haben Sie sich auch schon einmal gefragt, warum denn die Datierung der Herbst-Tagundnachtgleiche etwas aus der Reihe tanzt und nicht auch am 21. September, sondern erst am 23. September stattfindet. Die Deklinationen geben die Antwort. Um die Zeit der Sommersonnenwende läuft die Sonne etwas langsamer und erreicht somit die Deklination von 0° zeitlich etwas später.

Werfen wir nun einen detaillierteren Blick auf die Veränderung der Deklination der Sonne um die Zeit der Wintersonnenwende am Beispiel für das Jahr 2010.

* * * *51* * * *

2010	Deklination		Deklination	2011
10. Dezember	22° 53'		23° 03'	1. Januar
11. Dezember	22° 58'		23° 07'	31. Dezember
12. Dezember	23° 03'		23° 11'	30. Dezember
13. Dezember	23° 07'		23° 15'	29. Dezember
14. Dezember	23° 11'		23° 18'	28. Dezember
15. Dezember	23° 15'		23° 20'	27. Dezember
16. Dezember	23° 18'		23° 22'	26. Dezember
17. Dezember	23° 20'		23° 24'	25. Dezember
18. Dezember	23° 23°		23° 25°	24. Dezember
19. Dezember	23° 24'		23° 26'	23. Dezember
20. Dezember	23° 25'		23° 26'	22. Dezember
21. Dezember	23° 26'		23° 26'	21. Dezember

Die Sonne erreicht ihren südlichsten Deklinationspunkt bei 23°26' jedes Jahr um den 21. Dezember herum. Ein Blick auf die Tabelle zeigt, dass sie sich eigentlich etwa für insgesamt 21 oder 22 Tage jenseits des 23. südlichen Deklinationsgrades aufhält. Ausgehend vom Tag der Wintersonnenwende kann man zwölf Tage *zurück* und zwölf Tage *vorwärts* zählen und die Sonne steht während des gesamten Zeitraumes in dem Abschnitt zwischen 23° und 23° 26', also dem 24. Grad der südlichen Deklination.

Betrachtet man den Sonnwendtag als Angelpunkt, werden folglich die zwölf Tage vorher und nachher um diese Achse gespiegelt. Das bedeutet zum Beispiel, die Sonne steht am 17. Dezember mehr oder weniger auf dem gleichen Deklinationsgrad wie am 25. Dezember – man spricht auch von Deklinationsparallelen. Ihre Energie ist an beiden Tagen ähnlich, ebenso die Lichtstärke und die Tageslänge (vgl. Kapitel *Der Atem der Sonne*). Allerdings befindet sie sich das eine Mal im Abstieg zu ihrem Tiefstpunkt, während sie das andere Mal schon wieder kräftig nach oben strebt. Genau dieser Gesichtspunkt steht als Grundidee hinter den aus der klassischen Astrologie bekannten Spiegelpunkten, die über die Achse 0° Krebs / 0°Steinbock gespiegelt werden.

Im Hinblick auf die Deklinationen ist noch etwas bemerkenswert: Die Sonne steht im wahrsten Sinne des Wortes für einige Tage in der Deklination still. Drei Tage vor und drei Tage nach dem 21. Dezember gibt es keine Bewegung in der Deklination (siehe Tabelle). Dasselbe gilt übrigens auch für die Sommersonnenwende. Deswegen erhielten die Sonnenwenden im Lateinischen auch den Namen *Solstitium*, was wörtlich «Stillstand der Sonne» bedeutet (*sol* – Sonne; *sistere* – stillstehen). Mythologisch fand dies seinen Niederschlag im Schicksal von Keyx, dem Sohn des Morgensterns Phosphoros und der

Alkyone, der Tochter des Windgottes Aiolos. Nachdem Keyx auf dem Weg nach Delphi Schiffbruch erlitten hatte und ertrunken war, trauerte seine Gattin Alkyone so sehr um ihn, dass beide in Eisvögel verwandelt wurden, die ihr Nest jeden Winter auf dem Meer bauen sollten. Aiolos gab den Eisvögeln jährlich während ihrer Brutzeit sieben windstille Tage (Ovid, Metamorphosen 11,745). In der Seefahrt sind diese auch als «halkyonische Tage» bekannt.

Aus der bisherigen Darstellung wird ersichtlich, dass die Deklinationsbewegung der Sonne zunächst völlig unabhängig von deren Stand im Tierkreis zu betrachten ist. Der Frühling beginnt immer mit der Deklination von 0° bei der Tagundnachtgleiche. Es wäre dabei gleichgültig, auf welchem Tierkreisgrad oder in welchem Tierkreiszeichen sich die Sonne gerade aufhält. Die Jahreszeiten haben letztlich nur mit dem Verhältnis der Sonne zum Äquator zu tun. Dieses Verhältnis wird mit den Deklinationen gemessen.

Es gibt noch einen weiteren Gesichtspunkt, der vor allen Dingen in der hermetischen Astrologie der Antike eine Rolle spielte. Die Sonne vollzog ihren Auf- und Abstieg in «Schritten». Es gibt nur wenige erhaltene Quellen für dieses Konzept, der klassische Astrologe Vettius Valens (2. Jahrhundert n. Chr.) verweist jedoch an mehreren Stellen (I,16 – 18, III,4) auf die «Schritte». Der im 5. Jahrhundert lebende Astronom Theon erklärte, dass die Berechnung der Deklinationen bei 0° Krebs begann, und ergänzte, dass die Astrologen diese als Schritte bezeichnen.

Jeder Quadrant wurde in sechs Schritte von jeweils 15 Grad unterteilt. Die aufsteigenden Schritte der Sonne bis zur Sommersonnenwende verlaufen analog zur wachsenden nördlichen Deklination. Die Sonne klettert diese Stufen Schritt für Schritt empor und besteigt bei ihrer Ankunft am höchsten Punkt den Thron. Die Inthronisation der Sonne zur Zeit der Sommersonnenwende wurde in den alten Mysterien aus einem tiefen Wissen um die Bedeutung der Sonne gefeiert. Der gegenüberliegende tiefste Punkt der Wintersonnenwende, zu dem die Sonne wiederum in sechs Schritten hinabsteigt, wurde als Gefangenschaft der Sonne bewertet (Powell 1992, S. 30 f.; Neugebauer 1975, S. 669 ff.).

Der Chronist Felipe Guaman Poma de Ayla berichtet im Jahre 1614 von einer ähnlichen Vorstellung bei den Inka. Der Sonnengott sitzt an einem Tag auf seinem Thron und regiert von diesem Hauptbreitengrad (der Wintersonnenwende) aus. Dann sitzt er auf einem anderen Thron und regiert von dem betreffenden Breitengrad (der Sommersonnenwende) aus. Von einem Thron zum anderen wandert der Sonnengott rastlos Tag für Tag. Während der Sonnwende ruht er länger als einen Tag (Aveni 1995, S. 365).

Die Wintersonnenwende

Auf dem Zifferblatt der Jahresuhr kommt der Wintersonnenwende eine ganz besondere Bedeutung zu. Das vertraute Muster der Mondphasen vermittelt uns ein gutes Verständnis für die Gliederung des Jahres durch das Sonnenkreuz. So verstanden ist die dunkle Zeit der Wintersonnenwende vergleichbar mit dem Neumond. Dieser Augenblick der Einheit von Sonne und Mond bildet den Anfang eines neuen Mondumlaufs.

Die Sonne zieht von nun an täglich in immer größeren Bögen über den Horizont. Dementsprechend nehmen die Sonnenkräfte wieder zu. Ist die Sonne 90 Grad weitergewandert, erreicht sie die Frühjahrs-Tagundnachtgleiche. Sie befände sich also in der Position des zunehmenden Quadrats, oder, um bei unserem Vergleich zu bleiben, ihre Position entspräche der zunehmenden Mondsichel. Spätestens an diesem Punkt sind die Einflüsse und Energien des alten Jahres überwunden, denn die Sonne wechselt nun in die nördliche Hemisphäre und der kommende Sommer lässt sich mehr und mehr erahnen. Ist die Sonne abermals 90 Grad weitergewandert, erreicht sie am 21. Juni die in Opposition gegenüberliegende Sommersonnenwende, den längsten und hellsten Tag des Jahres. Dies entspräche, analog gesehen, der lichten Phase des Vollmondes. Ab jetzt werden die Prozesse in umgekehrter Richtung durchlaufen, denn die Sonne tritt nun wieder ihre stetige Talfahrt an. Die Herbst-Tagundnachtgleiche wäre im zyklischen Ablauf mit dem abnehmenden Quadrat bzw. dem abnehmenden Halbmond gleichzusetzen. Der Beginn der Dämmerung schiebt sich immer weiter in den späten Nachmittag hinein. Die Sonne schreitet unaufhaltsam der Auflösung des Jahres am 21. Dezember entgegen.

Megalithbauten und Steinsetzungen wie beispielsweise Stonehenge oder Newgrange waren auf das Datum der Wintersonnenwende ausgerichtet oder dienten zur exakten Bestimmung dieses wichtigen Zeitpunktes. Die Menschen der Vorzeit hatten eine tiefe Ehrfurcht vor diesem kritischen Sonnentag. Vielfach ging es dabei um die nackte Existenz, denn viele Familien oder Dörfer wussten nicht, ob sie den Winter überleben konnten. Alle Jahre wieder stellte sich erneut die Frage, ob es der Sonne gelingen würde, den Winter zu vertreiben. Um so bedeutsamer war der Tag, an dem das Licht der Sonne wiedergeboren wurde, denn dies bedeutete nicht nur das Ende der Dunkelheit, sondern auch das baldige Nahen des Frühlings, was das Überleben wieder sicherte. Die wiedergeborene und erstarkende Sonne stand für Hoffung und Sieg.

Astrologisch gesehen tritt die Sonne am Tag der Wintersonnenwende aus dem Feuerzeichen Schütze in das Erdzeichen Steinbock. Jupiter wird von Saturn abgelöst. In der klassischen Astrologie ist Steinbock das Nachthaus des Saturn, ein kaltes Erdzeichen. Saturn gilt seit alters her als der Hüter der Schwelle, er ist der äußerste mit bloßem Auge sichtbare Planet und markiert die Grenze zu den transpersonalen Planeten und den Weiten des Universums. Er symbolisiert die Verbindung zwischen Vergänglichem und Unvergänglichem. Es ist kein Zufall, dass der Schwellenhüter Saturn Herrscher jenes Zeichens ist, das am Übergang in ein neues «Sonnenjahr» steht.

Saturn oder Kronos gilt auch als Herr der Zeit, der uns mahnt, das richtige Verhältnis zu dieser zu finden. Es ist also naheliegend, dass die «Zeit außerhalb der Zeit» gerade in das von Saturn beherrschte Zeichen Steinbock fällt. Die karge Jahreszeit lehrt uns ganz im Sinne Saturns, Beschränkungen zu akzeptieren. Rückzug, bewusstes Innehalten und Neuorientierung sind angesagt – gewissermaßen als Gegenmittel zu der dunklen und depressiven Jahresstimmung.

Vielleicht fragen Sie sich, ob es überhaupt sinnvoll ist, den Beginn eines Jahreszyklus mit der Wintersonnenwende im Steinbock gleichzusetzen? Gehen wir ansonsten nicht immer davon aus, dass das astrologische Jahr mit dem Widder einsetzt? Tatsächlich bereitet sich im Steinbock schon das vor, was im Widder durchbricht. Schnee bedeckt die Erde, Frost und Eis lässt die Natur erstarren. Aber diese Bewegungslosigkeit und Starre ist nur scheinbar, denn unter der Schneedecke wachsen schon die Keime im Unsichtbaren. In dieser Zeit wird das vorbereitet, was dann ab dem Zeichen Widder an die Oberfläche gelangen wird.

Im Rhythmus des Jahres lassen sich zwei Grundkräfte erkennen, die in einem Wechselspiel miteinander stehen. Der mit der Wintersonnenwende beginnende Halbzyklus wird von der Tagkraft dominiert. Ab dem Tag der Sommersonnenwende setzt sich dagegen zunehmend die Nachtkraft durch. An den Sonnwendpunkten befinden sich diese beiden Kräfte in ihrem größten Ungleichgewicht. Zum Zeitpunkt der Tagundnachtgleichen sind die beiden alternierend wachsenden und abnehmenden Kräfte gleich stark. Diesen werden folgende Eigenschaften zugeordnet:

Tagkraft	Nachtkraft
personalisierende Kraft	einsammelnde Kraft
Yang	Yin
männlich	weiblich
objektiv	introvertiert
bewusste Motive	unbewusste Motive
aktiv	passiv

Die mit der Wintersonnenwende in Verbindung stehende Vorstellung des wiedergeborenen göttlichen Lichts wird ausgehend von dieser Dualität verständlicher. Aus dem Dunkel der weiblichen Nachtkraft wird der Lichtsohn geboren. So spielte der Tag der Wintersonnenwende in den Sonnenreligionen der Antike eine wichtige Rolle: «*Die Geburt des göttlichen Kindes, ob dies den Namen Horus, Osiris, Helios, Dionysos oder Aion trägt, wurde in Alexandrien im Koreion (…) gefeiert, und zwar am Tag der Wintersonnwende, der Geburt des neuen göttlichen Lichts.*» (Neumann 1986, S. 293). Die Vorstellung von der wiedergeborenen Sonne kam ursprünglich aus Ägypten, wo man den Jahreslauf als ein Sonnenleben auffasste. Dort wurde Horus, der Sonne und Mond als Augen hatte und somit Tag und Nacht erleuchtete, als lichtbringender Kindgott verehrt. Er war der Sohn der Isis, auf deren Thron geschrieben stand: «*Ich bin Gegenwart, Zukunft und Vergangenheit (...) Die Frucht, die ich gebar, wurde die Sonne*» (Norden 1969, S. 30).

Diese Lichtsymbolik findet sich auch in vielen Bräuchen wieder. Das Anzünden eines Weihnachtsfeuers zur Wintersonnenwende, Laternenumzüge oder Fackelläufe, wie in manchen Gegenden als Volksbrauch noch heute üblich, verfolgten das Ziel, der Sonne über ihren kritischen Punkt hinwegzuhelfen, indem ihr zusätzlich Licht zugeführt wurde. Ursprünglich dürften alle diese Lichtbräuche aus einem alten Sonnenzauber hervorgegangen sein. Sie finden in dem weihnachtlichen Lichterschmuck der Neuzeit ihren Fortbestand, wenngleich die heute gebräuchlichen elektrischen Kerzen nur noch wenig mit dem Feuer des Prometheus zu tun haben.

Die Klarheit der Nacht

Im Winter zeigt sich der Nachthimmel von seiner besten Seite, denn durch die frühe Dämmerung offenbart sich das Sternenmeer am Firmament besonders deutlich. Dem Himmelsbeobachter fällt vor allem das sogenannte Wintersechseck mit seinen sechs markanten Sternbildern ins Auge. Sechs besonders helle Sterne (Capella, Pollux, Prokyon, Sirius, Rigel und Aldebaran) in diesen sechs verschiedenen Sternbildern bilden ein aufrecht stehendes Sechseck am Südhimmel. Besonders auffallend ist das Sternbild Orion, das genau dann aufgeht, sobald die Sonne in der Abenddämmerung versinkt. Orion nahm in Ägypten die Position des Sonnengottes Horus ein. Darüber hinaus gibt es noch weitere Phänomene, die interessante Bezüge zu den Rauhnächten aufweisen.

Im Zusammenhang mit der Wiedergeburt des göttlichen Lichts schreibt Erich Neumann: «*Die Wintersonnenwende, in der die Sonne von der Großen Mut-*

ter geboren wird steht im Zentrum der matriarchalen Mysterien. In der Wintersonnenwende nimmt der Mond als Vollmond den höchsten Punkt des Kreislaufes ein, die Sonne steht im Tiefpunkt, und das Sternbild Jungfrau geht im Osten auf.» (Neumann 1986, S. 294). Ein Blick an den Himmel zeigt, dass zur Zeit der Wintersonnenwende und der zwölf heiligen Nächte jeweils um 0:00 Uhr Jungfrau am Osthorizont steht und astrologisch gesehen das aufsteigende Zeichen ist.

Bei den Griechen wurde Persephone mit dem Sternbild Jungfrau gleichgesetzt, die den Winter über bei ihrem Gatten Hades verweilen musste. Ihr Urbild ist eine Jungfrau mit Kornähre (lateinisch *spica*, und Spica ist der hellste Stern dieses Sternbildes). Der Mythos wurde später christlich umgeprägt und an die Stelle der Persephone trat die Jungfrau Maria, aus der Gottes Sohn Jesus geboren wurde, «das Licht der Welt», von dem das Johannesevangelium (8,12) spricht.

Fixsterne wirken durch ihre Position, und zwar umso stärker, je näher sie bei der Eklitpik stehen. Der Einfluss eines Fixsternes macht sich nur bemerkbar bei einer Konjunktion oder in der Parallelen, nämlich wenn er sich in gleicher nördlicher oder südlicher Deklination mit einem Planeten befindet. Im Horoskop der Wintersonnenwende steht die

Sonne alljährlich in Konjunktion mit Sinistra (29°
45' Schütze), einem Fixstern im Sternbild des Schlangenträgers (Ny Ophiuchi). *Sinistra* bedeutet im
Lateinischen «links», und der Stern bezeichnet (aus
Sicht des Betrachters auf der Erde!) die linke Hand
des Schlangenträgers. In der Mythologie wurde der
Schlangenträger mit Äskulap identifiziert, dem Gott
der Heilkunst. Er war der Sohn des Apollo und der
Koronis. Eine Krähe hinterbrachte Apollo die Nach-
richt, dass er von Koronis betrogen werde. Also
erschoss er die schwangere Koronis mit einem Pfeil,
holte aber das ungeborene Kind aus dem Leib der
Mutter. Er übergab den Knaben dem Kentauren Chiron zur Erziehung, welcher ihn in der Kunst des
Heilens ausbildete. Auch hier spielt wieder ein göttliches Kind eine Rolle. Der Bezug zur Schlange ist
heute noch im Symbol des Äskulapstabs zu erkennen.

Ptolemäus ordnet den Sternen im Schlangenträger
(Ophiuchus) Saturn und Venus zu. Deswegen spre-
chen ältere Texte auch oft von einem ungünstigen
Grundcharakter. Moderne Deutungen betonen dagegen mehr den Aspekt der Heilung. Sinistra in Konjunktion mit der Sonne im Horoskop der Wintersonnenwende steht bei neueren Auslegungen für erfolgreiche
Unternehmungen, auch wenn sein Einfluss Rastlosig-
keit mit sich bringen kann. Dieser Fixstern wird

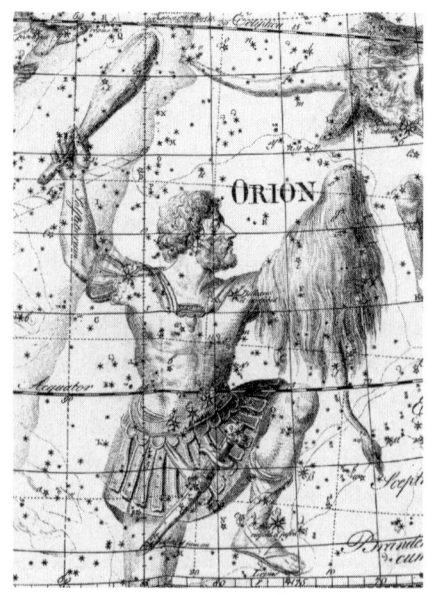

Entnommen aus: Johann Bode, Uranographia,
Berlin 1801

ebenso in Zusammenhang mit wirtschaftlichen Erfolgen gesehen und ist vor allem günstig für das Studium von Religion oder Philosophie. Ferner öffnet er Wege, um sich einen guten Namen zu machen. Unter Sonne / Sinistra werden die Kräfte des Heilens und der Prophezeiung gefördert – eindeutig ein positives Signal für den Auftakt der zwölf heiligen Tage.

Die Zeit zwischen der Zeit

Für die Zeit der Zwölften, die in manchen Regionen auch «krumme Tage» genannt werden, haben sich vielfältige Vorstellungen und Bräuche entwickelt. In ganz Europa gelten sie als Spukzeit. Die Tore zu anderen Dimensionen stehen offen und es erscheinen Geister. Hausgeister machen sich besonders bemerkbar, deshalb legte man ihnen Dankesgaben in den Garten oder auf den Dachboden. Aus demselben Grund war Aufräumen in diesem Zeitraum besonders angesagt, denn Unordnung zieht schlechte Energien an und verursacht Krankheit. Es ist die Zeit der wiederkehrenden Seelen, denen Speisen geopfert werden.

Eine andere Form findet dies zum Beispiel in dem volkstümlichen Brauch von Maskenumzügen wie etwa den in Bayern aufgeführten Perchtläufen oder dem Berchtelistag in der Schweiz. Die Maskentänze, Vermummungen, Räucherungen und Lärmumzüge mit angedeuteten Austreibungen von Winterunholden und Wintergeistern, bedeuteten ursprünglich nichts anderes, als den Sieg der Lichtkräfte zu feiern.

Deshalb war man in dieser Zeit der Zwölften aufgefordert, sich still und unauffällig zu verhalten und keine wesentliche Arbeit zu verrichten, um sich gegen die Gefahren zu sichern. Es waren Schweigenächte, und es war mancherorts sogar verboten, zu husten. Im antiken Rom verehrte man am 21. Dezember die noch aus etruskischer Zeit stammende *Angerona*, die Göttin des geheimnisvollen Stillschweigens, die als Zeichen dafür einen Finger vor ihren geschlossenen Mund hält.

Da den Kräften des Zwischenreiches in dieser Zeit besonders starke Wirkungen zugeschrieben werden, erlauben Orakel den Blick in die Zukunft. Spielerisch findet dies heute noch seinen Ausdruck im Bleigießen oder in dem Zwiebelorakel, bei dem zwölf Zwiebelscheiben mit Salz bestreut werden.

Weit verbreitet waren bestimmte Wetterwahrsagungsbräuche, indem man sich an den Lostagen «einen Kalender machte». Das Wetter jener Zeit ist für das kommende Jahr maßgeblich, denn jeder der zwölf Tage steht für einen Monat des Folgejahres. So wie die Witterung an diesem *Lostag* zwischen 8 Uhr und 16 Uhr ist, so wird es auch in dem entsprechenden Monat sein. Das Wetter des ersten Tages entspricht also dem Monat Januar, das Wetter des zweiten Tages dem Februar usw. Niederschlag an einem der Lostage bedeutet, dass der analog zugeordnete Monat ebenfalls feucht werden wird. Sonnenschein am Nachmittag eines Lostages verweist auf Trockenheit in der zweiten Hälfte des Monats.

Interessant ist die Variante, dass der 6. Januar darüber entscheidet, ob die Wettervorhersage der zwölf Lostage überhaupt zutreffend ist. Ist das Wetter an diesem Tag trocken, dann ist das Orakel gültig, gibt es Schnee oder Regen, so wird die Wetteranzeige verworfen. Dies scheint auch die These des vorherigen Kapitels zu bestätigen, dass man die Begriffe «Tage» und «Nächte» in Zusammenhang mit unserem Thema überdenken muss. Der vorchristliche Brauch des Wetterorakels geht eindeutig von zwölf Lostagen und deren Qualität aus. Dem 13. Tag fällt nach diesem Brauch eine besondere Rolle zu. Die Deutung der Zahl Dreizehn ist in den verschiedenen Kulturkreisen nicht einheitlich, und keineswegs wird in ihr immer nur eine Unglückszahl gesehen. Als Beginn einer neuen Periode nach der Zwölf kann sie auch eine günstige Zahl darstellen.

Da wir uns in der Zeit zwischen der Zeit mit den höheren Welten verbunden wissen dürfen, gehen unsere Träume in Erfüllung. Die Träume in den zwölf Nächten verwirklichen sich in den jeweils entsprechenden Monaten des zukünftigen Jahres. Träumt

man vor Mitternacht, dann geht der Traum in der ersten Hälfte des Monats in Erfüllung, Träume nach Mitternacht bewahrheiten sich am Ende des Monats. Manche sagen, die Träume der ersten sechs Nächte beziehen sich auf Vergangenes, die Träume in den sechs Nächten der zweiten Hälfte beziehen sich auf Zukünftiges.

* * * 70 * * *

Der Blick in die Zukunft

Der Volksbrauch kennt viele Orakeltechniken, die während der Zeit der Zwölften besonders aussagekräftig sein sollen, angefangen von der bereits erwähnten Vorausschau für die Jahreswitterung bis hin zu Tierorakeln oder dem Aufsuchen von Wegkreuzungen um Mitternacht. Der astrologisch interessierte Leser dagegen wird mehr Gewinn aus einem Ingresshoroskop ziehen. Unter einem Ingress versteht man den Eintritt der Sonne in ein neues Zeichen. Ingresse finden vor allem in der Mundanastrologie zur Betrachtung von Kollektivthemen Berücksichtigung. Man kann Ingresse aber auch genauso auf einer persönlichen Ebene deuten.

Der genaue Zeitpunkt für den Wechsel der Sonne in das Zeichen Steinbock lässt sich jeder gebräuchlichen Ephemeride oder einem guten Astrokalender entnehmen. Man berechnet das Ingresshoroskop exakt auf diesen Augenblick und auf den Ort, an dem man sich befindet. Dieses Horoskop für den

Zeitpunkt der Wintersonnenwende gibt einen Ausblick auf das kommende Jahr und beleuchtet die zu erwartende Entwicklung in der engeren Umgebung.

Man darf aber nicht vergessen, dass dieser Ingress zugleich auch als ein Transit zum eigenen Radixhoroskop zu verstehen ist. Die Winkelverbindungen des Ingresshoroskops mit dem Geburtshoroskop sind besonders wichtig, denn sie zeigen an, welche persönlichen Themen und Lebensbereiche durch das Ingresshoroskop angesprochen und im kommenden Jahr intensiver zur Kenntnis genommen werden müssen.

Seit alters her betrachtet man die Zeit zwischen den Jahren als Lostage, wobei man davon ausgeht, dass der Verlauf des jeweiligen Tages das Geschehen des ihm entsprechenden Monats im neuen Jahr vorwegnimmt. Dieser Parallelsetzung liegt der hermetische Grundsatz zugrunde: Was unten ist, gleicht demjenigen, was oben ist, und das, was oben ist, gleicht und entspricht demjenigen unten. Die Astrologie kennt ähnliche Verfahrensweisen. Bei den Sekundärprogressionen wird nach der Regel verfahren, dass jeder Tag nach der Geburt für ein Lebensjahr des Geborenen gilt. Die Konstellationen des ersten Tages nach der Geburt zeigen die Entwicklung im ersten Lebensjahr, die Konstellationen des zweiten Tages nach der Geburt zeigen die Entwicklung im zweiten Lebensjahr usw. Der jeweilige Tag wirkt also in der zeitlichen Vergrößerung. Auf ähnliche Weise lassen sich auch die zwölf ausgesparten Tage astrologisch verstehen. Unter Zugrundelegung der zyklischen Bedeutung der Wintersonnenwende entspricht der erste Tag der Zwölften dem ersten Monat des Jahres, also Januar. Der zweite Tag entspricht dem Februar, der dritte Tag dem März und so weiter. In diesem Sinne sind die Beschreibungen im Kapitel «Die zwölf heiligen Tage» zu verstehen.

Die oben beschriebene Dynamik der Deklinationen eröffnet uns an dieser Stelle noch eine intensivere Möglichkeit der Verinnerlichung. Wie soeben beschrieben, werden die zwölf Tage ab dem 21. Dezember als eine Verkleinerung des kommenden Jahres betrachtet. Wir können andersherum aber auch vom Tag der Wintersonnenwende zwölf Tage zurückrechnen bis zum 10. Dezember und diese Zeitspanne für den Rückblick auf das auslaufende Jahr verwenden. So schwingen wir uns gewissermaßen in einer Pendelbewegung auf den Jahreswechsel ein. Der Abschluss des alten Jahres und die Vorbereitung auf die kommenden zwölf Monate werden dabei in den kosmischen Rhythmus der Deklinationen eingebettet.

Einstimmung

Die Zeit zwischen den Jahren ist geprägt von einer besonderen Zeitqualität. Aus diesem Grund ist es empfehlenswert, diese Tage in einer erhöhten Bewusstheit zu verbringen. Alles, was in diesen zwölf Tagen geschieht, legt die Samen für das kommende Jahr.

Der im Wortstamm «Rauhnacht» enthaltene Gedanke des Räucherns mag Sie dazu anregen, mit einem Räucherritual die Atmosphäre zu reinigen. Die Auswahl an möglichen Räucherstoffen ist vielfältig, traditionell wurde aber gerne Salbei, Wacholder oder Fichtenharz verwendet. Es geht jedoch nicht nur um spirituelle Reinigung, auch der Großputz zu Weihnachten hat seine Bedeutung.

Schenken Sie dem Licht besondere Aufmerksamkeit. Der Atem der Sonne mit seinem Wechselspiel der Auf- und Untergänge der Sonne offenbart eine besondere Lichtqualität. Beobachten Sie das Licht des Tages. Sie können in der Nacht eine Kerze anzünden, um symbolisch an die Wiedergeburt des Lichts zu erinnern.

Eine gängige Redensart sagt, man wolle oder solle «über etwas schlafen.» Gerade diese Zeit der besonders kurzen Tage bietet sich an, die wichtigen Fragen mit in die Nacht zu nehmen, auf dass Ihnen der Morgen eine Antwort bringen möge.

Auf die Bedeutung der Träume in der ausgesparten Zeit wurde schon weiter oben hingewiesen. Beobachten Sie sich beim Einschlafen und Aufwachen sorgfältiger als sonst. Wenn Ihnen Träume begegnen, notieren Sie sich diese. Sie werden oft überrascht sein, dass Erlebnisse im kommenden Jahr mit den Träumen während der Zwölfnächte in Beziehung stehen.

Das Jahr nähert sich seinem Abschluss. Es ist die Zeit für eine Bilanz. Überlegen Sie, was Sie zurücklassen möchten. Auf geschäftlicher Ebene mag sich dies darin äußern, dass man alle noch offenen Rechnungen bezahlt oder Inventur durchführt. Auch im persönlichen Erleben ist es ratsam, seine Angelegenheiten in Ordnung zu bringen, indem man beispielsweise geliehene Dinge zurückgibt. Halten Sie Rückschau und überlegen Sie sich, wem Sie im vergangenen Jahr begegnet sind und wer sie besonders begleitet hat. Gab es einschneidende Ereignisse oder Wendepunkte in ihrem Leben während des abgelaufenen Jahres? Nicht zu vergessen die Neuorientierung! Lassen Sie in dieser Zeit außerhalb der Zeit die Alltagsroutine los und seien Sie offen für neue Visionen und kosmische Botschaften.

Wie steht es mit den inneren Prozessen? Die Betriebsamkeit der Welt kommt in diesem Zeitraum zu einem relativen Stillstand, es bleibt uns mehr Zeit zur Besinnung. Gibt es seelische Vorgänge, die Sie schon lange beschäftigen und die Sie klären sollten? Halten Sie an etwas fest, das Sie loslassen sollten? Konnten Sie im alten Jahr wichtige Dinge zum Abschluss bringen?

Als Leitfaden für die Selbsterforschung bieten sich zum Beispiel die Themen der astrologischen Häuser an:

1. Was ist typisch für mein Auftreten? Wie behaupte ich mich?
2. Was gibt mir Sicherheit? Was bedeutet Wohlstand für mich?
3. Was möchte ich mitteilen? Was möchte ich neues erforschen?
4. Wo bin ich verwurzelt? Wie erlebe ich meine Innenwelt?
5. Wie kann ich kreativ sein? Was bedeuten mir Spiel, Spaß und Erotik?
6. Was brauche ich für meine Gesundheit? Was bedeutet mir meine Arbeit?

7. Was wünsche ich mir von meinen Beziehungen? Was soll mir begegnen?
8. Welche Bereiche meines Lebens sind immer wieder Krisen ausgesetzt? Wo komme ich an meine Grenzen?
9. Wodurch erweitere ich meinen Horizont? Wo finde ich meinen Sinn des Lebens?
10. Welche Rolle möchte ich in der Gesellschaft spielen? Was ist mein Lebensziel?
11. Wo und wie arbeite ich mit anderen zusammen? Was macht mich unverwechselbar?
12. Wie steht es um meine Rückzugsmöglichkeiten und meinem Verhältnis dazu? Wie komme ich mit der transzendenten Welt in Kontakt?

Jeden dieser Lebensbereiche könnten Sie an einem anderen Tag erforschen. Den jeweiligen Fragen können Sie sich zum Beispiel auch anhand von Tarotkarten oder mit Hilfe des I Ging annähern. Möglicherweise gibt es am jeweiligen Tag bestimmte Zeichen, die Ihnen eine Botschaft zu den angesprochenen Lebensbereichen übermitteln möchten. Im folgenden Kapitel «Die zwölf heiligen Tage» erhalten Sie weitere astrologische Anregungen zu einer vertiefenden Selbsterforschung während der Zeit der Rauhnächte.

Doch nicht nur Rückzug ist ein Thema. Mit der

Wintersonnenwende stehen wir am Beginn eines neuen Jahreszyklus. Dies bedeutet mehr als nur Offenheit für Stille und Einkehr. Wir sollen auch nach vorn blicken, Vorsätze für das kommende Jahr fassen und neue Pläne schmieden. Diese Zeit gewährt uns einen besonders schnellen Zugang zu höheren geistigen Ebenen, es fällt uns leichter denn je, uns für eine spirituelle Sichtweise der Dinge zu öffnen. Es ist eine gute Phase für kreative Vorstellungskraft und Visionen. Je offener Sie sich Ihren Fragen stellen, umso größer ist die Wahrscheinlichkeit, dass Sie eine kosmische Antwort erhalten werden.

Die zwölf heiligen Tage

W ir werden nun den Schleier zwischen den Zeiten lüften, indem wir Schritt für Schritt durch die zwölf besinnlichen Tage gehen. Jeder Tag steht stellvertretend für einen Monat beziehungsweise das jeweilige Tierkreiszeichen. Auf diese Weise durchschreiten wir, beginnend mit dem Steinbock, den symbolischen Tierkreis und erleben einen Jahreslauf im Zeitraffer.

Einleitend stehen bei jedem Tag zunächst verschiedene Stichworte zur Selbsterforschung. Die Lebensphasen können zur eigenen Biografiearbeit anregen – besonders dann, wenn Sie gerade in eine neue Phase eintreten. Welche Erinnerungen haben Sie an die jeweiligen Lebensabschnitte? Was wünschen Sie sich für bevorstehende Lebensphasen? Ähnlich können Sie an jedem Tag Ihre Aufmerksamkeit dem dazugehörigen Körperbereich zuwenden, sei es gedanklich oder direkt z.B. durch Massage.

Danach richtet sich der Blick auf das im entsprechenden Monat auftretende Naturgeschehen, gefolgt von einer knappen Darstellung der Leitgedanken des dazugehörigen Zeichens. Verschiedene Fragen und Anregungen mögen Sie dabei unterstützen, einen Blick auf Ihre derzeitige Lebenssituation zu werfen und diese zu überdenken. Der mit dem Stichwort «Aufgabe» überschriebene Absatz ist als Aufforderung für gute Vorsätze im neuen Jahr gedacht. Denn was sich in diesen zwölf Tagen ereignet, legt den Grundstein für das, was sich im folgenden Jahr auslösen wird. Je bewusster Sie diese Zeit erleben, umso mehr können Sie selbst Ihr Schicksal gestalten.

Der erste Tag

21. Dezember
Zeichen: Steinbock – die konzentrierende Kraft
Monat: Januar
Lebensphase: 0 – 6 Jahre
Element: Erde
Körper: Knochen, Haut
Sprichworte: Erst die Arbeit, dann das Spiel. –
Was lange währt, wird endlich gut.
Leitsatz: Ich bin verantwortlich.

Die Sonne beendet im Steinbock ihre «Talfahrt» und taucht die Erde in das eisige Dunkel der langen Winternächte und der kurzen Tage. Die sichtbare Natur ruht im Winterschlaf und erscheint uns wie abgestorben. Der Boden ist hart gefroren und mit Schnee bedeckt. Doch bei näherer Betrachtung ist diese Bewegungslosigkeit, diese Atmosphäre von Tod und Leblosigkeit nur scheinbar, denn unter der Schneedecke wachsen schon wieder die ersten Lebenskeime, die dann im Widder nach außen drängen.

Im Zeichen Steinbock geht es darum, die irdische Realität zu erkennen und zu meistern. Die Sonne im Steinbock beleuchtet besonders das, was Sie aus

Ihrem Leben gemacht haben. Pflichtbewusst wie der Steinbock ist, lässt er nicht locker, bevor ein Vorhaben beendet ist. Für ihn gilt: Ordnung muss sein, und es zählen nur greifbare Ergebnisse. Der erste Tag zwischen den Jahren fordert uns dazu auf, das Thema Verantwortungsgefühl näher ins Auge zu fassen.

Dieser Tag eignet sich gut, um über folgende Fragen nachzudenken:

* Sind Sie wirklich bereit, Verantwortung für Ihre Taten zu übernehmen? Wie beharrlich sind Sie, um Ihre Vorsätze zu verwirklichen?
* Bewähren sich Ihre Ideale und Ziele im Alltag? Was zählt für Sie wirklich in Ihrem Leben? Können Sie sich auf das Wesentliche konzentrieren? Wo sollten Sie deutlichere Grenzen abstecken?
* Ein gesunder Ehrgeiz ist von Vorteil. Aber bürden Sie sich bei dem, worauf Sie sich einlassen, nicht manchmal auch zuviel Ballast auf? Letztlich hindert Sie dies nur an Ihrem Fortkommen.

Aber auch:

* Halten Sie zu sehr an altbewährten Mustern und Strukturen fest und scheuen Sie sich vor Neuerungen? Manchmal ist es hilfreich, Einsicht zu zeigen und sich nicht zu sehr auf eine Idee zu fixieren.
* In welchen Lebensbereichen handeln Sie lustlos

oder nur aus Pflichterfüllung? Gibt es noch nicht abgeschlossene Vorhaben?

* Setzen Sie sich selbst zu sehr unter Leistungsdruck? Meinen Sie öfters, sich für alles verantwortlich fühlen zu müssen? Haben Sie eine Tendenz zum Workaholic?

Die Aufgabe:
Das Leitmotiv und zugleich das große Potenzial des Steinbocks ist der klare Kopf. Für welche Lebensbereiche können Sie sich vornehmen, im kommenden Jahr eindeutige Strukturen zu schaffen, sich Grenzen zu setzen und sich gegebenenfalls zurückzunehmen? Denn im Monat des Steinbocks können Sie am ehesten erkennen, wie Sie Ihr Schicksal selbst in die Hand nehmen können.

Der zweite Tag

22. Dezember
Zeichen: Wassermann – die reformierende Kraft
Monat: Februar
Lebensphase 7 – 12 Jahre
Element: Luft
Körper: Beine, Knöchel
Sprichworte: Unverhofft kommt oft. –
Besser zur Unzeit als überhaupt nie.
Leitsatz: Ich weiß.

Wenn die Sonne in den Wassermann tritt, herrscht zwar immer noch Winter, aber die Tage werden nicht nur deutlich länger, sondern insgesamt auch wieder spürbar wärmer. Der Schnee schmilzt schon wieder zu Wasser und gibt dem Boden die notwendige Flüssigkeit, damit die in der Erde ruhenden Pflanzensamen aufquellen und die sie umhüllende Schale durchbrechen können.

Durchbruch ist auch ein wichtiges Thema für diesen Tag. Im Zeichen Wassermann geht es um Unabhängigkeit, Veränderungen und um das Infragestellen von alten Werten. Machen Sie sich aber klar, dass jeder Umbruch mit inneren Kämpfen, Widerständen und Unsicherheiten verbunden ist. Dieses Zeichen entwirft Utopien und originelle Pläne. Der Wassermann regt dazu an, über Freiheiten, Grenzüberschreitungen und gegebenenfalls sich in den Weg stellende Restriktionen nachzudenken.

Dieser Tag eignet sich gut, um über folgende Fragen nachzudenken:

* Aus welcher Situation würden Sie sich gerne befreien? Welche Einschränkungen oder Hemmungen wollen Sie abwerfen? Welche inneren Unsicherheiten halten Sie zurück?
* Was hindert Sie daran, sich in bestimmten Lebensbereichen mehr Raum zu verschaffen? Manchmal eröffnet eine ungewöhnliche und spontane Herangehensweise ganz neue Perspektiven.
* Wie ausgeprägt ist Ihr Gemeinschaftssinn und Ihre Bereitschaft zu Solidarität? Manchmal kann es auch von Vorteil sein, sich nach anderen zu richten.

Aber auch:

* Es ist gut, über den Dingen zu stehen. Dennoch sollten Sie sich fragen, ob Sie sich vielleicht zu sehr in Ihre Ideen und Fantasien versteigen? Sind Ihre Ideen eventuell zu realitätsfern und abgehoben?
* Haben Sie Angst vor tiefen Gefühlen, weil Sie sich darin verlieren könnten, und üben Sie sich deswe-

gen lieber in vorsichtiger Zurückhaltung? Kennen Sie Minderwertigkeitsgefühle?

* Überschätzen Sie sich gelegentlich? Empfinden Sie sich gerne als etwas Besonderes? Ziehen Sie sich oft zurück, weil andere Sie sowieso nicht verstehen?

Die Aufgabe:
Leitmotiv des Wassermanns ist die Erneuerung und die Zukunftsperspektive. Schauen Sie, ob es Lebensbereiche gibt, die Sie im kommenden Jahr auf den Prüfstand stellen sollten, um sie eventuell einer Veränderung zu unterziehen. Der freiheitsliebende und Innovationen zugewandte Wassermann begünstigt einen Neuansatz mehr als jedes andere Tierkreiszeichen – in dieser Zeit geht die Befreiung von Abhängigkeiten aller Art leichter als sonst.

Der dritte Tag

23. Dezember
Zeichen: Fische – die auflösende Kraft
Monat: März
Lebensphase: 13 – 18 Jahre
Element: Wasser
Körper: Füße
Sprichworte: Stille Wasser gründen tief. –
Reden ist Silber, Schweigen ist Gold.
Leitsatz: Ich glaube.

Die Fische sind ein Zeichen des Überganges, das uns von dem zu Ende gehenden Winter in den Frühling führt. Wärmere Luftströme schmelzen den letzten Schnee vollends und tragen zu einem Quellen der Samen bei. Der Übergang aus der Winterstarre zu neuem Leben wird deutlich spürbar, zugleich mit einer Auflösung geht ein neues Werden einher.

Auflösung ist eine Entsprechung des Zeichens Fische und ein wichtiges Thema für diesen Tag. Auflösung hat auch mit Loslassen zu tun. Die Sehnsucht nach spiritueller Erfahrung, nach der Tiefe des Lebens, aber auch Selbstlosigkeit und Hingabefähigkeit stehen mit den Fischen in Verbindung. Hilfsbereitschaft, die bis zur Aufopferung gehen kann, ist ebenfalls typisch für dieses Zeichen. In den Fischen sind Sie besonders aufgefordert, sich Gedanken über die innere Führung und das Rätsel des Daseins zu machen.

Dieser Tag eignet sich gut, um über folgende Fragen nachzudenken:

* Gelingt es Ihnen ohne allzu große Erwartungen auf das Leben zuzugehen und sich einfach der «göttlichen» Kraft hinzugeben? Können Sie sich auch einmal gehenlassen?
* Machen Sie sich gerne Illusionen? Denken Sie darüber nach, ob Sie in einem Ihrer Lebensbereiche vielleicht einer Täuschung oder gar einer Selbsttäuschung unterliegen könnten.
* Gibt es etwas, für das Sie sich unbedingt einsetzen möchten und wofür Sie auch bereit wären, ein Opfer zu bringen?

Aber auch:

* In welchen Lebensbereichen mangelt es Ihnen an Abgrenzungsvermögen oder zeigen Sie gar Haltlosigkeit? Erkennen Sie bei sich einen Hang zur Sucht?
* Gibt es eine liebgewonnene Routine oder auch Menschen, die Sie loslassen sollten? Fällt es Ihnen schwer, einen klaren Standpunkt einzunehmen oder neigen Sie zu Wankelmut?

* Erkennen Sie etwas in Ihrem Leben, wofür Sie
  sich zu sehr aufopfern? Vernachlässigen Sie sich
  selbst gern zugunsten anderer? Sind Sie leicht ver-
  letzlich?

Die Aufgabe:
Leitmotive des Zeichens Fische sind Hingabefähigkeit und Einfühlungsvermögen. Hinterfragen Sie Ihre
Beziehungen   zu   Familienmitgliedern,   zum
Lebenspartner, zu Freunden und Kollegen im Hinblick darauf. Denken Sie über Hingabe auch in einem
anderen Sinne nach. Wird Ihr inneres Verlangen
nach spiritueller Erfahrung ausreichend gestillt? Die
Energie der Fische, die ins Grenzenlose geht, fordert
uns geradezu auf, den Blick auf diese Sehnsucht zu
richten.

Der vierte Tag

24. Dezember
Zeichen: Widder – die aufbrechende Kraft
Monat: April
Lebensphase: 19 – 24
Element: Feuer
Körper: Kopf
Sprichworte: Wo ein Wille ist, ist auch ein Weg. –
Frisch gewagt ist halb gewonnen.
Leitsatz: Ich will.

Mit dem Eintritt der Sonne in den Widder beginnt der Frühling. Tag und Nacht sind gleich lang, aber das Tageslicht überflügelt von nun an die Nacht immer mehr. Die Naturkräfte, die sich bisher noch schwach im Verborgenen regten, treten jetzt deutlich hervor und bringen die Samen zum Keimen. Das Leben in der Natur erhält einen starken Auftrieb. Kraftvolle Energie und ein Aufbruch der Kräfte sind ein Markenzeichen des Widders.

Auch in den Menschen regen sich die Lebensgeister. Es sind die Kräfte, die von innen nach außen wirken. Der Widder ist ein aktives Zeichen, das danach strebt, die Welt zu erobern und den eigenen Willen durchzusetzen. Er ist aber auch von einem ungetrübten Optimismus geprägt, sodass er sich schnell von Niederlagen erholen kann. Widder repräsentiert die spontane Kraft, die sich ungestüm über alle Widerstände hinweg ihren Weg bahnt. So steht die Antriebs- und Durchsetzungskraft bei diesem Zeichen im Mittelpunkt.

Dieser Tag eignet sich gut, um über folgende Fragen nachzudenken:

* Haben Sie Ihre Lebenskraft genügend im Blick und stärken Sie Ihren Energiehaushalt in gebührendem Maße?
* Können Sie Ihren Willen durchsetzen, so wie Sie es möchten? Wo sind Hindernisse, die Sie zu mehr Kraftentfaltung anspornen könnten?
* Wie steht es um ihre Aggressionsschwelle? Tragen Sie angestaute Wut in sich, die Sie dringend einmal ablassen sollten? Oder schieben Sie fällige Konfrontationen vor sich her?

Aber auch:

* Mangelt es Ihnen an Geduld oder Durchhaltevermögen? Kommen Sie schnell in eine Kampfstimmung und reagieren gern angriffslustig oder rücksichtslos?
* In welchen Lebensbereichen oder Zusammenhängen neigen Sie vielleicht zu Überaktivität oder verausgaben sich zu sehr? Wie steht es um Ihre Geduld?

* Gibt es Themenfelder, auf denen Sie vielleicht zu kurzsichtig sind oder sich die Welt so erklären, wie Sie sie gerne haben möchten?

Die Aufgabe:
Der Widder ist ein Pionier. Überlegen Sie, ob Sie sich im kommenden Jahr in bestimmten Bereichen vornehmen könnten, eigene Wege zu gehen oder eventuell ungewöhnliche Methoden und Lösungen anzustreben. Vielleicht gibt es Menschen oder eine Angelegenheit, die Sie mit Ihrem ungetrübten Optimismus und Ihrer vitalen Lebensfreude im kommenden Jahr in Schwung bringen können.

Der fünfte Tag

25. Dezember
Zeichen: Stier – die bodenständige Kraft
Monat: Mai
Lebensphase: 25 – 30 Jahre
Element: Erde
Körper: Nacken
Sprichworte: Hat man viel, dann braucht man mehr. –
Geld regiert die Welt.
Leitsatz: Ich habe.

Im Stier-Monat grünt und blüht es in unseren nördlichen Breiten. Während die Naturkräfte sich im Widder fast schon hektisch ihren Weg bahnten, konzentrieren sie sich nun mehr darauf, ihre Gestalt zu finden. Stier bremst die Widder-Energie, damit der Wachstumsschub nicht als Strohfeuer verpufft. Die Pflanzen müssen erst richtig Wurzeln schlagen und kräftig werden, um eine Überlebenschance zu bekommen.

Der Stier drängt wie kein anderes Zeichen nach Absicherung im Materiellen. So zeigt der Stier großes Beharrungsvermögen und hängt sehr am Bewährten, denn das dem Widder noch neue Wachstum wird dem Stier zur Gewohnheit. Stierbetonte

Prozesse verlaufen daher langsam, aber unausweichlich. Das Zeichen Stier hat gern sicheren Boden unter den Füßen und wehrt sich gegen alles Neue. Verwurzelung ist ein weiteres Stichwort, und in diesem Zeichen findet der Genuss seine höchste Entfaltung.

Dieser Tag eignet sich gut, um über folgende Fragen nachzudenken:

* Machen Sie einen Sicherheitscheck in allen Bereichen: nicht nur bei Ihrem Auto, auch an Ihrem Körper! Fragen Sie sich überhaupt, wie es um Ihr Streben nach Sicherheit bestellt ist.
* Nehmen Sie Ihren Körper ganz an? Hat Sinnlichkeit ausreichend Platz in Ihrem Leben und gönnen Sie sich leibliche Genüsse?
* Gelingt es Ihnen, Routine in Ihr Leben und in Ihre Tätigkeiten zu bringen? Sind Sie beharrlich in Ihren Unternehmungen?

Aber auch:

* Pflegen Sie Bewährtes und Vertrautes? Haben Sie das richtige Verhältnis zu gesunder Bodenständigkeit? Oder hängen Sie zu sehr an der Vergangenheit?
* Sind Sie in manchen Dingen vereinnahmend, Besitz ergreifend oder unbelehrbar stur?
* Gibt es Themen in Ihrem Leben, die Sie nur ein-

seitig materiell betrachten oder bei denen Sie sich als äußerst unbeweglich erleben?

Die Aufgabe:
Sicherheit in jeder Hinsicht ist das Thema des Stiers. Überprüfen Sie, ob Sie mit beiden Beinen auf sicherem Boden stehen, oder ob es Lebensbereiche gibt, in denen Sie nachbessern sollten. Aber auch auf Ihre Gewohnheiten sollten Sie bei dieser Gelegenheit stärker achten. Haben Sie ein Auge darauf, was Ihnen gut bekommt, und setzen Sie sich – wieder einmal – kritisch mit Ihrer Ernährung auseinander.

Der sechste Tag

26. Dezember
Zeichen: Zwillinge – die differenzierende Kraft
Monat: Juni
Lebensphase: 31 – 36 Jahre
Element: Luft
Körper: Lunge, Arme und Hände
Sprichworte: Reden und Tun sind zweierlei. – Wir
lernen nicht nur für die Schule, sondern für das Leben.
Leitsatz: Ich denke.

Nach dem Impuls des Widders und der Verwurzelung des Stiers beginnt die Pflanze sich zu verästeln. Die Natur zeigt ihre Vielfältigkeit. Es bahnt sich aber auch eine Aufspaltung an, denn es ist die Zeit der Blüte, die als Vorstufe der Befruchtung die Zweigeschlechtlichkeit erkennen lässt.

Dieses Bild passt sehr gut zum Zeichen Zwillinge, denn dieses liebt die Vielseitigkeit und betrachtet die Dinge gern unter all ihren verschiedenen Facetten. Kein Wunder, dass die Verstandesebene diesem Zeichen sehr wichtig ist, um die Dinge auf allen Ebenen differenziert zu diskutieren. Dazu ist auch jede Form von Kommunikation willkommen. Die Zwillinge-Qualität entspricht aber auch großer Lebhaftigkeit und einer gewissen Unruhe. Wissensdurst ist ebenso kennzeichnend für die Zwillinge wie der Wunsch, Neuigkeiten aufzugreifen und weiterzugeben.

Dieser Tag eignet sich gut, um über folgende Fragen nachzudenken:

* Alle Dinge haben zwei Seiten, die sich wahrscheinlich wechselseitig bedingen. Prüfen sie, inwieweit die eine Seite von der anderen abhängt. Überlegen Sie sich, welche Gegensätze Sie in Ihrem Leben wahrnehmen und versöhnen Sie sich mit diesen.
* Kritischer Sachverstand und Logik sind eine Stärke dieses Zeichens. Gibt es Lebensbereiche, die Sie einer präzisen Analyse und gegebenenfalls einer sachlichen Planung unterziehen sollten?
* Wie ausgeprägt ist Ihre Kontaktfähigkeit und Ihre Freude an Kommunikation?

Aber auch:

* Haben Sie das nötige Durchhaltevermögen, oder beginnen Sie viel und beenden nichts, weil Sie an Vielseitigkeit und immer Neuem so großen Gefallen haben?
* Lassen Sie sich oft zu sehr vom Verstand leiten oder flüchten Sie sich aus Angst vor Gefühlen gern in geistige Zerstreuungen? Bauen Sie gern Luftschlösser?

* Erleben Sie sich manchmal zu stark auf die Gegenwart bezogen oder bewegen Sie sich zu sehr an der Oberfläche und vermissen dadurch eine Perspektive?

Die Aufgabe:
Wissen und Vielfalt sind die Leitmotive des Zeichens Zwillinge. Aber diese unbändige Neugierde weckt oft auch Zweifel und führt zu einem inneren Zwiespalt. Falls Sie in Ihrem Leben Themen und Bereiche erkennen, bei denen Ihre Entscheidungsfähigkeit eingeschränkt ist, so suchen Sie nach Möglichkeiten, um diesen Mangel zu beheben.

Der siebte Tag

27. Dezember
Zeichen: Krebs – die emotionale Kraft
Monat: Juli
Lebensphase: 37 – 42 Jahre
Element: Wasser
Körper: Magen
Sprichworte: Trautes Heim, Glück allein. –
Warum in die Ferne schweifen?
Sieh, das Gute liegt so nah! (nach: Goethe)
Leitsatz: Ich fühle.

Mit dem Krebs tritt die Sonne wieder in ein kardinales Zeichen. Die Sonne hat einen halben Jahreszyklus durchwandert. Obwohl der Sommer gerade erst beginnt, hat sie bereits ihren «Höhenflug» erreicht. Sie steht am Punkt der Sommersonnenwende. Nachdem sie ihren Zenit überschritten hat, steigt die Sonne stufenweise wieder abwärts. Diese rückwärts gewandte Bewegung findet im Krebsgang ihren symbolischen Niederschlag. Auf die Blütezeit der Zwillinge folgt notwendigerweise der Wendepunkt. Die Blumen welken, und der Krebsmonat bringt der Natur die Zeit der Fruchtbildung.

Fürsorge, Hilfsbereitschaft und Gefühle beschreiben die wesentlichen Motive des Krebses. Was in den Zwillingen vielleicht noch Gedankenspiele waren, wird jetzt zur lebendigen Erfahrung. Es geht darum, Gefühle zum Ausdruck zu bringen. Die Familie ist die ideale Domäne dafür, denn hier kann man nicht nur die Fürsorge anbieten, die Familie bietet zugleich auch die gewünschte Geborgenheit. Dieses Streben nach emotionaler Geborgenheit ist eines der zentralen Themen des Krebses.

Dieser Tag eignet sich gut, um über folgende Fragen nachzudenken:

* Gibt es Lebensbereiche, in denen Sie vielleicht gerade einen Rückschritt machen? Lernen Sie aus der Vergangenheit, aber achten Sie zugleich darauf, nicht in vergangenes Verhalten zurückzufallen. Entdecken Sie auf diese Weise Ihre wahren Gefühle.
* Wie verhält es sich mit Ihrem Streben nach emotionaler Verbundenheit? Sind Sie wirklich zu einem tiefen Verständnis für die Belange der Seele bereit oder fähig?
* Wie steht es um Ihre soziale Seite? Sind Sie jederzeit bereit, anderen Ihre Hilfe oder Ihren Schutz anzubieten? Wie ausgeprägt ist Ihre Verbundenheit mit Heimat, Familie oder Kindheit?

Aber auch:

* Binden Sie andere Menschen durch Ihre Fürsorg-

lichkeit vielleicht zu eng an sich? Klammern Sie sich aus seelischer Abhängigkeit zu sehr an geliebte Personen?

* Fliehen Sie immer wieder gern in Wunschdenken oder halten an diesen Vorstellungen fest, weil Ihnen dies angenehmer erscheint als die harte Wirklichkeit?

* Verlieren Sie sich manchmal in Sentimentalität, sind Sie oft Stimmungsschwankungen unterworfen und konfrontieren Ihr Umfeld mit Ihrer Launenhaftigkeit?

Die Aufgabe:
Gefühlsstärke ist eines der zentralen Themen dieses Zeichens. Lassen Sie tiefe Gefühle zu, aber verlieren Sie sich nicht in Gefühlsduselei. Geben Sie dem Mitgefühl genügend Raum in Ihrem Leben, achten Sie aber zugleich darauf, die Distanz zu Ihrem Gegenüber zu wahren. Gewähren Sie sich und anderen genügend Eigenständigkeit.

Der achte Tag

28. Dezember
Zeichen: Löwe – die schöpferische Kraft
Monat: August
Lebensphase: 43 – 48 Jahre
Element: Feuer
Körper: Herz
Sprichworte: Hochmut kommt vor dem Fall. –
Eigenlob stinkt.
Leitsatz: Ich bin.

Während die Sonne durch das Zeichen Löwe wandert, erleben wir in unseren Breiten die heißeste Zeit des Jahres. Das ist etwas verwunderlich, wo die Sonne sich doch bereits auf ihrer «Talfahrt» befindet und die Tage schon wieder kürzer werden. Die Erde hat jedoch soviel Wärme aufgespeichert, dass die Kraft der Sonne erst jetzt zur vollen Auswirkung kommt. Diese Sonnenkraft des Hochsommers bringt die Früchte der Natur zur vollen Reife.

Selbstbehauptung und Selbstausdruck sind dementsprechend auch die Schlüsselworte für den Löwen. Dieses Zeichen ist Meister der großen Geste. Das Leben ist seine Bühne für die Selbstdarstellung.

In diesem Zeichen erfahren wir das Leben in seiner vollsten Blüte. Löwe weiß die Lebensfreude zu schätzen, liebt den Luxus, gefällt sich in der Rolle des Gönners und sonnt sich gern in Selbstverherrlichung.

Dieser Tag eignet sich gut, um über folgende Fragen nachzudenken:

* Neigen Sie gern dazu, weitläufig angelegte Pläne zu schmieden, und vergessen Sie dabei gelegentlich, dass auch kleinere Schritte zum Ziel führen können?

* Handeln Sie selbstsicher, optimistisch und authentisch? Ist Ihnen Ihr Streben nach Bewunderung vielleicht sogar wichtiger als alles andere?

* Wenn Sie Herr Ihrer selbst sind, brauchen Sie keine Herrschaft über andere Menschen auszuüben. Wie verhält es sich mit Ihren Führungsqualitäten – sind Sie eine Autorität oder haben Sie Autorität? Ist Ihnen die Grenze zwischen Autorität auf der einen und dem Streben nach Dominanz auf der anderen Seite bewusst?

Aber auch:

* Stellen Sie sich gerne in den Mittelpunkt und legen ein selbstgefälliges Verhalten an den Tag? Empfinden Ihre Mitmenschen Sie manchmal als arrogant, geltungssüchtig oder egozentrisch?

* Entgeht Ihnen gelegentlich der Sinn für Feinheiten, weil Sie in zu großen Dimensionen denken oder planen? Erleben Sie bei sich Verschwendungssucht oder übertriebene Großzügigkeit?
* Wie gut können Sie mit Kritik von außen umgehen? Wie selbstkritisch stellen Sie sich Ihrem Ich und Ihrem Tun?

Die Aufgabe:
Souveränität ist ein Schlüsselbegriff für den Löwen. Bei aller Betonung von Individualität sollten Sie immer im Auge behalten, dass Sie sich zwar in den Mittelpunkt stellen können, dies jedoch nicht in Selbstherrlichkeit ausarten soll. Die innere Mitte zu finden ist eine zentrale Aufgabe. Konzentrieren Sie sich auch auf Ihre Lebensfreude und lassen Sie Ihre kreative Ader nicht zu kurz kommen.

Der neunte Tag

29. Dezember
Zeichen: Jungfrau – die dienende Kraft
Monat: September
Lebensphase: 49 – 54 Jahre
Element: Erde
Körper: Darm, Stoffwechsel
Sprichworte: Ordnung ist das halbe Leben. –
Was Du heute kannst besorgen,
das verschiebe nicht auf morgen.
Leitsatz: Ich analysiere.

Mit dem Zeichen Jungfrau klingt der Sommer aus. Das Getreide ist schon geschnitten, die Früchte werden geerntet und gegen Ende des Monats welken die ersten Blätter. Die Sonne tritt in eine neue Phase ein, denn mit dem nächsten Zeichenübergang in die Waage wechselt sie auch in der Deklination von der nördlichen zur südlichen Ebene.

Jungfrau zeichnet sich aus durch die Liebe zum Detail, die manchmal schon die Form von Pedanterie annehmen kann. Damit ist auch die Neigung verbunden, alles kritisch auf Tauglichkeit zu überprüfen. Die Spreu wird vom Weizen getrennt. Es wird analysiert, was gesund oder ungesund ist, ob etwas nützlich oder nutzlos ist oder ob etwas wertvoll oder überflüssig ist. Neben dem analytischen Denken spielen die Themen Sauberkeit und Arbeit noch eine wichtige Rolle für die Jungfrau.

Dieser Tag eignet sich gut, um über folgende Fragen nachzudenken:

* Wie steht es um Ihre Bereitschaft, Probleme zu bereinigen und Ihr Leben in Ordnung zu bringen? Setzen Sie Ihre Energie für diesen Zweck ein. Konzentrieren Sie sich bei der Korrektur auf das Wesentliche. Gehen Sie dabei gründlich und vorausschauend vor.

* In welchem Verhältnis stehen Ihre Ideale und Wunschträume zu den ökonomischen Notwendigkeiten? Sind Sie zufrieden mit Ihrer Arbeit und der Situation am Arbeitsplatz?

* Machen Sie sich Gedanken darüber, wie gut Sie mit Ihren Kräften haushalten. Können Sie sich Ihrer tatsächlichen Situation so anpassen, dass Sie sich im Blick auf Ihre inneren Überzeugungen dennoch nicht verbiegen müssen?

Aber auch:

* Ist Ihr Sicherheitsstreben manchmal übertrieben? Überlassen Sie das Risiko gern anderen oder handeln Sie aus Zweckoptimismus?

* Führt die Liebe zum Detail im Extremfall zu Haar-

spalterei? Gelingt es Ihnen, genau und auf Ordnung bedacht zu sein, ohne ein kleinkariertes Verhalten zu zeigen?

* Sehen Sie alles nur rational? Falls Sie kritisiert werden, sollten Sie sich dies zu Herzen nehmen, denn es könnte ein Funken Wahrheit darin stecken. Achten Sie andererseits bei sich darauf, dass Sie nicht zu kritiksüchtig und perfektionistisch auftreten.

Die Aufgabe:
Gründlichkeit ist eines der wesentlichen Motive der Jungfrau. Beleuchten Sie alle Lebensbereiche dahingehend und überlegen Sie sich, an welcher Stelle Sie etwas bereinigen sollten. Nur so kommen Sie auf Ihrem Entwicklungsweg einen Schritt weiter. Denken Sie über Ihren Gesundheitszustand nach und überlegen Sie, welche Maßnahmen gegebenenfalls erforderlich sind, damit Sie Ihre Unversehrtheit erhalten bzw. wiederherstellen können.

Der zehnte Tag

30. Dezember
Zeichen: Waage – die ausgleichende Kraft
Monat: Oktober
Lebensphase: 55 – 60 Jahre
Element: Luft
Körper: Nieren
Sprichworte: Wer die Wahl hat, hat die Qual. –
Das ist zu schön, um wahr zu sein.
Leitsatz: Ich wäge ab.

Mit dem Zeichen Waage beginnt der Herbst, eindeutig gekennzeichnet durch die Herbst-Tagundnachtgleiche am Beginn des Zeichens. Wieder sind die Tag- und Nachtkräfte kurzzeitig im Ausgleich, doch das Gewicht verlagert sich nun immer mehr und die Nächte werden unaufhaltsam länger. Die Sonne sinkt mit Wehmut unter den Himmelsäquator. Die Waage steht zwischen Sommer und Winter, Licht und Dunkel. Die Vegetation geht Tod und Verwandlung entgegen, um im Frühjahr in neuer Gestalt und in neuen Formen wiederaufzublühen.

Ein wesentliches Thema der Waage besteht darin, Gegensätze auszugleichen und auf diese Weise Harmonie herzustellen. Dies betrifft die Harmonie in allen Lebensbereichen, vor allem aber in zwischenmenschlichen Beziehungen. Bei der Suche nach Entscheidungen ist die Waage stets bemüht, einen Ausgleich herbeizuführen, so dass die Harmonie am wenigsten gestört wird. Der Sinn für alles, was das Leben schön macht, ist ausgeprägt.

Dieser Tag eignet sich gut, um über folgende Fragen nachzudenken:

* In welcher Hinsicht können Sie sich Ihr Leben erleichtern? Welche Zwänge sollten Sie abstreifen? Sind Sie zu Kompromissen fähig? Könnten Sie in mancher Hinsicht mehr Toleranz zeigen?
* Wie ausgeprägt ist Ihre Kontaktfreude? Möchten Sie mit jemand wieder in Beziehung treten oder Verbindung aufnehmen? Leben Sie mit jemandem in Unfrieden, mit dem Sie sich versöhnen sollten?
* Lassen Sie die Leichtigkeit des Seins zu? Gönnen Sie sich auch etwas Schönes und versuchen Sie, Ihre Sinne zu beglücken?

Aber auch:
* Neigen Sie zu Harmoniesucht und drücken Sie sich deswegen aus Angst vor Auseinandersetzungen um eine klare Linie? Führen Sie oft Kompromisse herbei, nur um Konflikten aus dem Weg zu gehen?

* Fällt es Ihnen durch zu langes Abwägen überhaupt schwer, Entscheidungen zu treffen? Ver-
  drängen Sie gern unangenehme Einsichten oder
  Entschlüsse? Gibt es eine wichtige Entscheidung,
  die Sie schon länger vor sich herschieben?
* Haben Sie Probleme mit dem Alleinsein? Gibt es
  eine Person oder auch eine Angelegenheit, die Sie
  derzeit in ein Ungleichgewicht versetzt?

Die Aufgabe:
Der Wunsch nach Harmonie ist ein Schlüsselthema
für das Zeichen Waage. Wo immer Sie die Möglichkeit haben, Ihre Lebensumstände in ein Gleichge-
wicht zu bringen, sollten Sie es tun. Lassen Sie sich
für alle Ihre Unternehmungen von dem Gedanken
leiten, das Schöne und Positive in die Welt zu tragen.
Mit ewiger Unentschiedenheit erschweren Sie nicht
nur anderen, sondern auch sich selbst das Leben.

Der elfte Tag

31. Dezember
Zeichen: Skorpion – die kompromisslose Kraft
Monat: November
Lebensphase: 61 – 66 Jahre
Element: Wasser
Körper: Fortpflanzungsorgane
Sprichworte: Rache ist süß. –
Ein Unglück kommt selten allein.
Leitsatz: Ich ergründe.

Der Herbst zeigt sich in bunt schillernden Farben, und zugleich verkünden diese das scheinbare Absterben der Natur und erinnern uns an die Vergänglichkeit allen Lebens. Die Kräfte der Natur ziehen sich nach innen zurück und bereiten sich auf den Winterschlaf vor. Diese Regeneration ist notwendig für das erneute Wiedererwachen der Naturkräfte im Frühling.

Dieser Rückzug nach innen spiegelt sich auch in dem Drang des Skorpions nach Tiefe wider. Kein anderes Zeichen wagt sich so weit in unbekanntes und unerforschtes Gebiet vor. Skorpion zeigt dabei auch die unbegrenzte Bereitschaft, Konventionen oder Tabus zu brechen oder sich selbst um der Wahrheit willen Gefahren auszusetzen. Sein Mut verleiht dem Skorpion wiederum auch Stärke und Macht. Außerdem provoziert gerade dieses kompromisslose Auftreten des Skorpion oft Krisenzeiten im Leben, die wiederum die Voraussetzung für Prozesse der Wandlung sind.

Dieser Tag eignet sich gut, um über folgende Fragen nachzudenken:

* Verändern sich Dinge um Sie herum ohne Ihr Zutun? Gehen Sie den Ursachen hierfür rechtzeitig auf den Grund und decken Sie die Hintergründe möglichst schonungslos auf.
* Stehen Sie vor einem größeren Wandlungsprozess, sei es in Beziehungen, im Beruf oder sonstigen Lebensbereichen? Ergründen Sie Ihre innere Bereitschaft zum Wandel. Sind Sie bereit für die Verletzungen, die dieser Wandel erfordern kann? Hegen Sie leidenschaftliche, unergründliche oder auch dunkle Kräfte in sich, die Sie noch nicht in Ihr Dasein integriert haben? Erfahren Sie in Ihrer Partnerschaft die erwünschte Erlebnistiefe oder empfinden Sie sie als zu oberflächlich?

Aber auch:

* Überdenken Sie Ihr eigenes Tun. Lassen Sie sich von anderen einwickeln oder aufhetzen? Sind Sie einer anderen Person verfallen? Lassen Sie sich in Dinge hineinziehen, die Sie nichts angehen?

* Versuchen Sie an etwas festzuhalten, das abgelaufen ist? So lichtet sich das Dunkel nicht und Sie können Ihre Situation kaum verändern! Setzen Sie Grenzen, falls andere ungebeten in Ihrem Innenleben herumstochern wollen.
* Fordern Sie zuviel Tiefe von anderen? Gelingt Ihnen ein verantwortungsbewusster Umgang mit Ihrer eigenen Macht? Hüten Sie sich aber gegebenenfalls vor Rachsucht oder destruktivem Verhalten.

Die Aufgabe:
Transformation ist ein Schlüsselbegriff für dieses Zeichen. Dies bringt Sie vielleicht auch den Abgründen des Lebens oder den Themen Tod und Vergänglichkeit näher. Doch daraus erwächst letztlich der Wandel. Verletzungen, seelische Tiefschläge oder schmerzhafte Erfahrungen tragen zu einer inneren Erneuerung bei. Nehmen Sie diese an. Es ist eine Ration an negativen Erfahrungen erforderlich, damit Sie von der Macht der Gewohnheit lassen oder vertraute Sicherheiten aufgeben können. Nur so werden Sie für den Wandel bereit sein.

Der zwölfte Tag

1. Januar
Zeichen: Schütze – die sinnstiftende Kraft
Monat: Dezember
Lebensphase: 67 – 72 Jahre
Element: Feuer
Körper: Leber
Sprichworte: Jeder ist seines Glückes Schmied. –
Willst Du die Weisheit Dir erjagen,
lerne die Wahrheit erst ertragen.
Leitsatz: Ich glaube.

Tritt die Sonne in den Schützen ein, dann ist die Natur bereits erstarrt und liegt im Winterschlaf. Kahle Äste und brachliegende Felder erwarten den kalten Winter, der mit dem Steinbock beginnen wird. Es handelt sich um die lichtärmste Zeit des Jahreslaufes in unseren Breiten, und alles Leben wartet sehnsüchtig auf die Wiederkehr des Lichtes mit der Wintersonnenwende.

Dieses Zeichen ist von einer Sehnsucht nach tiefer Erkenntnis und einer Erweiterung des Horizonts geleitet. Im Außen zeigt sich dies an einer ausgeprägten Reiselust. Die Ruhepause in der Natur zeigt, dass nicht nur die Erweiterung nach außen ein

Thema ist. Je weniger Licht die Sonne spendet, desto größer ist der Wunsch, das Licht im Inneren zu entzünden. Dieses innere Licht drängt uns zu der Suche nach dem Sinn. So sind Ideale, Religion, Spiritualität oder jede Sehnsucht nach tiefer Erkenntnis ein Anliegen dieses Zeichens.

Dieser Tag eignet sich gut, um über folgende Fragen nachzudenken:

* Arbeiten Sie an der Verwirklichung Ihrer Ideale. Welche Ideen wollen Sie auf den Weg bringen? Streben Sie nach Höherem? Richten Sie Ihren Blick in die Ferne und bleiben Sie nicht beim Naheliegenden stehen.
* Haben Sie Fragen an das Leben? Befinden Sie sich auf einem Weg, der Ihrem persönlichen Lebensweg entspricht? Schauen Sie nach innen und loten Sie ihr religiös-spirituelles Potenzial aus.
* Überprüfen Sie vorausschauend Ihre Zukunftsperspektiven. Haben Sie den nötigen Enthusiasmus, um diese zielgerichtet umzusetzen? Sind Sie gegebenenfalls zu Kurskorrekturen bereit?

Aber auch:
* Können Sie sich Grenzen setzen oder schießen Sie leicht über das Ziel hinaus? Fällt es Ihnen schwer, sich festzulegen? Stehen Sie zu Ihren Schwächen, denn darin liegt eine wichtige Stärke.

* Verwechseln Sie nicht Ihre Fantasie mit der Wirklichkeit. Sind Ihre Träume und Zukunftsvisionen realistisch oder vollkommen übertrieben? Handeln Sie immer aus eigener Überzeugung und vermeiden Sie Rechthaberei.
* Räumen Sie Religiosität und Spiritualität in Ihrem Leben einen Platz ein oder unterdrücken Sie das Unbewusste? Verspüren und pflegen Sie eine Bindung zu Ihrem Ursprung? Vermeiden Sie aber, als Weltverbesserer aufzutreten.

Die Aufgabe:
Kein anderes Zeichen befasst sich so intensiv mit der Suche nach dem Sinn. Weltanschauung, Religion und Verinnerlichung kennzeichnen den Schützen. Versuchen Sie in diesem Sinne ein Wegweiser zu sein. Glauben Sie an das Gute, und Sie müssen sich nicht mehr vor Schicksalsschlägen fürchten. Vor allem aber glauben Sie an sich selbst! Schütze ist geeignet, um eine Zielrichtung abzustecken und ist insofern bestens dafür prädestiniert, am Ende dieser Periode der zwölf heiligen Tage zu stehen. Dieser Tag eignet sich nicht nur, sich ein Lebensmotto für das kommende Jahr zu geben. Auch längerfristige Lebensziele können eine deutlichere Gestalt vor Ihrem inneren Auge annehmen.

Ein Weihnachtsgedicht

Wintersonnenwende!
Nacht ist nun zu Ende!
Schenktest, göttliches Gestirn,
neu Dein Herz an Tal und Firn!

O der teuren Brände!
Hebet hoch die Hände!
Lasset uns die Gute loben!
Liebe, Liebe, Dir da droben!

Wintersonnenwende!
Nacht hat nun ein Ende!
Tag hebt an, goldgoldner Tag,
Blühn und Glühn und Lerchenschlag!

O du Schlummers Wende!
O du Kummers Ende!

Christian Morgenstern

Literatur

Anthony Aveni. *Dialog mit den Sternen*. Stuttgart 1995.

Hanns Bächtold-Stäubli. *Handwörterbuch des deutschen Aberglaubens*. Berlin, New York 2000.

Andrea Bärnreuther (Hrsg.). *Sonne – Brennpunkt der Kulturen*. München 2009

Bernadette Brady. *Brady's Book of Fixed Stars. York Beach, Maine 1998*.

Saffi Crawford und Geraldine Sullivan. *Das große astrologische Hausbuch für jeden Geburtstag*. Frankfurt 1999.

Hans Förster. *Die Anfänge von Weihnachten und Epiphanias – Eine Anfrage an die Entstehungshypothese*. Tübingen 2007.

F. K. Ginzel. *Handbuch der mathematischen und technischen Chronologie – Das Zeitrechnungswesen der Völker. 3 Bde*. Leipzig 1906 – 1914.

Joseph Görres. *Die Teutschen Volksbücher*. Heidelberg 1807. Zitiert nach: Digitale Bibliothek – Deutsche Literatur von Luther bis Tucholsky. CD-ROM, Berlin 2005.

Wilhelm Hoerner. *Zeit und Rhythmus – Die Ordnungsgesetze der Erde und des Menschen*. Stuttgart 1991.

Prudence Jones und Nigel Pennick. *Heidnisches Europa – Geschichte, Kult und Wiederbelebung.* Uhlstädt-Kirchhasel 1997.

Leo der Große. *Des heiligen Papstes und Kirchenlehrers Leo des Großen sämtliche Sermonen, Teil 1 Sermo 1 – XXXVIII.* München 1927.

Eckhart Petrich und Pierre Grimal. *Götter und Helden – Die Mythologie der Griechen, Römer und Germanen.* Düsseldorf 2000.

Thomas Vogtherr. *Zeitrechnung – Von den Sumerern bis zur Swatch.* München 2006.

Anna-Dorothee von den Brincken: *Historische Chronologie des Abendlandes – Kalenderreformen und Jahrtausendrechnungen.* Stuttgart 2000.

Otto Neugebauer. *A History of Ancient Mathematical Astronomy – Part 2,* Stuttgart, Berlin, Heidelberg, New York 1975.

Eduard Norden. *Die Geburt des Kindes – Geschichte einer religiösen Idee.* Darmstadt 1969.

Erich Neumann. *Die große Mutter – Eine Phänomenologie der weiblichen Gestaltungen des Unbewussten.* Freiburg, Olten 1989.

Paul E. Newman. *Declination in Astrology. The Steps of the Sun*. Bournemouth 2006.

Ovid. *Metamorphosen*. München 1997.

Robert Powell. *Zu einer neuen Sternenweisheit*. Schaffhausen 1993.

Robert Powell. *Hermetische Astrologie 1 – Astrologie und Reinkarnation*. Stuttgart 2001.

Dane Rudhyar. *Die astrologischen Zeichen – Der Rhythmus des Zodiak*. München 1983.

Jeanne Ruland. *Das Geheimnis der Rauhnächte – Ein Wegweiser durch die zwölf heiligen Nächte*. Darmstadt 2009.

Alfred Schütze. *Mithras. Mysterien und Urchristentum*. Stuttgart 2000.

Guiseppe Maria Sesti. *Die Geheimnisse des Himmels – Geschichte und Mythos der Sternbilder*. Köln 1991.

Martin Wallraff. *Christus versus sol – Sonnenverehrung und Christentum in der Spätantike*. Münster 2001.

Standardwerke der Astrologie

ERIN SULLIVAN

Astrologie der zweiten Lebenshälfte

Die Chance, bei sich selbst anzukommen

321 Seiten, Hardcover, 14 Abbildungen

ISBN 978-3-89998-155-2

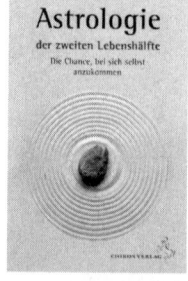

Ein Leben ist dann ein erfülltes, wenn das
Ende etwas mit dem Anfang zu tun hat. In
der Mitte des Lebens begegnen wir tiefgreifenden Veränderungen
in unserer Psyche. Man spricht auch davon, dass wir in dieser Zeit
zu unserem bislang nicht gelebten Leben wechseln. In diesem Buch
analysiert die Autorin tiefschürfend die Herausforderungen, die uns
in der Lebensmitte begegnen. Allerdings sieht sie darin nicht in erster
Linie den beginnenden körperlichen Niedergang. Vielmehr erleben
wir in diesem Lebensabschnitt die Metamorphose zur vollen Reife.
In diesem Buch erfahren Sie, welche Planetenzyklen zu welchem
Zeitpunkt in der zweiten Lebenshälfte eine bestimmende Rolle ein-
nehmen. Vor allem aber zeigt die Autorin Ihnen, wie Sie Ihr Leben
gerade nach dem Übergang noch bewusster gestalten können, um
ganz bei sich selbst anzukommen.

*»Das Buch dient nicht nur der eigenen Biografiearbeit oder Zukunfts-
planung. Es ist auch für die Beratung und das Verständnis für die Si-
tuationen älterer Klienten sehr wertvoll. Kein Buch, das man einmal
liest und weglegt. Vielmehr ist es ein ausführliches Nachschlagewerk,
das man immer wieder in die Hand nehmen kann, das den Leser in
den unterschiedlichen Lebensphasen begleitet und bei der Lebens-
bewältigung unterstützt.«*

Astrologie Heute Nr. 135

CHIRON VERLAG

JESSIE ADLER GRAL

Ein Planet kommt selten allein

Die 19 aufregendsten Partnerverbindungen
und wie Sie mit Astrologie
Gewinn daraus ziehen

428 Seiten, Hardcover,
ISBN 978-3-89997-198-9

Dies ist ein Buch über stark herausfordernde
Planetenkombinationen und ihre gelungene
Bewältigung. Wieso verwandelt sich der
menschenfreundliche Uranus in einen klirrenden Eiszapfen, sobald
der Mond von kleinen Kindern zu schwärmen beginnt? Und wird die
grandiose Sonne wirklich Saturns Unterhosen bügeln? Was passiert,
wenn der robuste Pluto mit dem unkonventionellen Uranus auf den
Presseball geht? Stellen wir uns einfach für den Augenblick vor, die
Planeten unseres Sonnensystems wären Menschen wie du und ich …
Gerade dadurch wird dieses Buch zum reinsten Lesegenuss. Behandelt
werden die Lebensbereiche öffentliches Auftreten, Kommunikation,
Gefühle, Erotik, Sexualität und Karriere. Es geht der Autorin jedoch
nicht nur darum, den unfreiwilligen Humor, den das Leben schreibt,
darzustellen. Sie beschreibt die auftretenden Konflikte, erläutert dann
aber aus astrologischer Sicht, wie Sie diese Situation auflösen und dabei
höchsten Gewinn daraus ziehen können.

»Es macht Laune, ihren anekdotischen, typisch zwischenmenschlichen
Geschichten und Alltagsbeobachtungen zu folgen. Wer da mit wem
kann oder möchte oder auch nicht, wohin uns die partnerschaftliche
Sehnsucht treibt und wo wir stranden.´ All dies und noch viel mehr wird
stilistisch locker aufbereitet und klug analysiert. Astrologie Heute

CHIRON VERLAG

Standardwerke der Astrologie

LIANELLA LIVALDI LAUN

Den eigenen Lebensplan bewusst gestalten

Das Horoskop als Entwurf der Seele

123 Seiten, Paperback, 23 Abb.,
ISBN 978-3-89997-196-5

Der Moment der Geburt, welcher im Horoskop symbolisch dargestellt wird, zeigt einen
Entwurf, der im Lauf des Lebens realisiert
werden soll. Umwelt, Mitmenschen und Erfahrungen passen zu den
Bedürfnissen der Seele. Sie stellen die Bedingungen dar, die dem see-
lischen Wachstum und der individuellen Entwicklung dienen. Karma
und Charakter sind demnach zwei Seiten der gleichen Medaille. Karma
ist aber nicht als Strafe für die Verfehlungen der vergangenen Leben zu
bewerten. Vielmehr sind wir aufgefordert, das Horoskop bewusst zu
leben, da die konkreten Erfahrungen nicht vorherbestimmt sind. Denn
Ihr Leben hat nur einen Sinn, wenn Sie den im Horoskop angelegten
Plan verwirklichen.

»Beeindruckend, dass sie ihre karmische Weltsicht vertritt, ohne jemals
mit dem Schuldbegriff zu operieren. So schreibt sie: ›Für den Geist gibt
es weder positive noch negative Erlebnisse, eine Erfahrung ist für ihn
richtig, wenn sie lehrreich ist.‹«   Meridian 5-11

CHIRON VERLAG

Standardwerke der Astrologie

ALEXANDER RUPERTI

Kosmische Zyklen
Planetarische Muster des Wachstums

Hardcover, 334 Seiten
ISBN 978-3-89997-126-2

Alle unsere Aktivitäten vollziehen sich inner-
halb der Struktur von Zyklen. Ruperti verleiht der zyklischen Betrachtung des Horo-
skops eine neue Dimension. Zum einen beschreibt er den so genannten
Altersfaktor mit den allgemein gültigen Zyklen und deren astrologische
Entsprechungen. Jeder Mensch erlebt z.B. mit 24 Jahren das erste Ura-
nus-Quadrat und mit ca. 29 Jahren die erste Wiederkehr des Saturn. Im
zweiten Teil geht er intensiv auf die individuellen Zyklen ein, die sich
aus dem jeweiligen Horoskop ergeben. Sonne/Mond-Zyklen oder Ve-
nus/Mars-Zyklen werden hier ebenso dargestellt wie die individuellen
Umläufe der äußeren Planeten. Entscheidend ist hierbei, dass er auch
im individuellen Horoskop jedes Geschehen immer zyklisch versteht.
Da sich jeder Zyklus während bestimmter Entwicklungsphasen entfal-
tet, wird die Deutung der Möglichkeiten und Chancen vielschichtiger.
Auf diese Weise wird es Ihnen ermöglicht, ein erfüllteres Leben auf
allen Ebenen zu leben.

*«Die Deutung der Zyklen der einzelnen Planeten ist hier sehr aus-
führlich gestaltet. Zum Schluss folgt eine fundierte Beschreibung des
Altersfaktors. Dieser und die wichtigsten astrologischen Entsprechungen liegen auch in tabellarischer Form vor. Dieses Buch von Alexander Ruperti ist so etwas wie ein Klassiker, der dankbarerweise
vom Verlag neu aufgelegt wurde.»*

Lydia Wentzel in: Astrologie Heute 123

CHIRON VERLAG

Standardwerke der Astrologie

ROSWITHA BROSZATH

Astrologische Erfahrungsheilkunde

Ganzheitliches Wohlbefinden mit dem Horoskop

230 Seiten, Hardcover

ISBN 978-3-89997-184-2

In diesem Buch gibt die erfahrene Heilpraktikerin einen tiefen Einblick in ihr reichhaltiges Heilwissen. Sie geht von dem Grundsatz aus, dass Krankheit nicht das Ergebnis eines falschen Handelns ist, denn so simpel sind kosmische Entsprechungen nicht. Krankheit ist vielmehr Wandlungskraft, wie alle anderen Krisen auch. Roswitha Broszath zeigt die astromedizinischen Entsprechungen der Tierkreiszeichen auf, zu welchen Erkrankungen diese neigen und wie sie sich im Krankheitsfall verhalten. Außerdem wird die Allergiebereitschaft erläutert. Einen großen Raum nimmt die Darstellung hilfreicher Elemente auf Ihrem Weg zu Wohlbefinden ein:

Homöopathie / Phytotherapie / Schüßler-Salze / Bachblüten / Australische Buschblüten.

So können Sie sich mit diesen Vorschlägen selbst etwas Gutes tun und ihrer astrologischen Anlage entsprechend für Wohlergehen sorgen.

»Die Autorin ist Heilpraktikerin sowie Astrologin in Berlin. Sie gibt in diesem Buch einen tiefen Einblick in ihr Wissen. Sie geht davon aus, dass Krankheit Wandlungskraft ist. so wie das auch in allen anderen Krisen gegeben sei. Wenn Sie ihre Vorschläge zur Behandlung annehmen, können Sie sich entsprechend Ihrer astrologischen Anlage viel Gutes tun.«
Lebens(t)räume 7/8-2010

CHIRON VERLAG